हस्ताक्षर वि... .

जिस प्रकार संसार में किन्हीं दो व्यक्तियों के हाथ की रेखाएँ एक-सी नहीं होतीं, उसी प्रकार किन्हीं दो व्यक्तियों के हस्ताक्षर भी एक-से नहीं हो सकते। कोई अक्षरों पर सीधी लाइन खींचता है तो कोई बिना लाइन के ही अक्षर लिखता चला जाता है। किसी के अक्षरों पर टूटती हुई लाईन बढ़ती चली जाती है तो किसी के अक्षरों पर लहरियेदार पंक्ति बनती चली जाती है।

व्यक्ति के हस्ताक्षर उसके अन्तर्बाह्य का सजीव प्रतिबिम्ब है, कागज़ पर अंकित उसका व्यक्तित्व है, जो चिरस्थाई है, अमिट है और अपने आप में उसके जीवन का सम्पूर्ण इतिवृत्त समेटे हुए है।

हिन्दी की इस सर्वप्रथम एवं प्रामाणिक पुस्तक में अनेक राजनीतिज्ञों, लेखकों, विचारकों, खिलाड़ियों एवं अन्य प्रसिद्ध व्यक्तियों के मूल हस्ताक्षर देकर पुस्तक को सांगोपांग सम्पूर्ण बनाने का प्रयास किया गया है।

प्रकाशक की ओर से

ज्योतिषाचार्य डॉ. नारायणदत्त श्रीमाली ने अपने जीवन-काल में ज्योतिष-विद्या पर अनेक पुस्तकें लिखीं और उन्हीं में एक पुस्तक 'हस्ताक्षर विज्ञान' भी थी।

जब उन्होंने यह पुस्तक लिखी उस समय 'हस्ताक्षर विज्ञान' की व्यवहारिक जानकारी कुछ गिने-चुने लोगों तक ही सीमित थी। उनकी इस पुस्तक से हस्तलेख-विश्लेषण एक आम चर्चा का और लोकप्रिय विषय बन गया।

मूल संस्करण का कवर

कुछ अपरिहार्य परिस्थितियों के कारण एक लम्बे समय तक यह पुस्तक अप्राप्य रही; अब ज्योतिषाचार्य डॉ. नारायणदत्त श्रीमाली की पुस्तक 'हस्ताक्षर विज्ञान' एक बार पुनः प्रकाशित हो रही है।

हस्ताक्षर विज्ञान

डॉ. नारायण दत्त श्रीमाली

ओरिएंट पेपरबैक्स
दिल्ली । मुम्बई

www.orientpaperbacks.com

ISBN : 978-81-222-0517-6

परिवर्तित एवं परिवर्द्धित संस्करण 2016

संस्करण 2026

हस्ताक्षर विज्ञान

प्रकाशक

ओरिएंट पेपरबैक्स

(विजन बुक्स प्रा. लि. का संभाग)

5A/8 अंसारी रोड, दरिया गंज, नई दिल्ली-110 002

Printed and bound at TACT, New Delhi

Hastakshar Vigyan
by Dr. Narayan Dutt Shrimali
Psychology/Character Analysis

दो शब्द

हस्ताक्षर विज्ञान बीसवीं सदी की एक ऐसी उपलब्धि है, जिसने कुछ ही वर्षों में मनोविज्ञान के क्षेत्र में आश्चर्यजनक सफलता प्राप्त की है और विश्व के लगभग सभी सभ्य राष्ट्रों में इसका व्यापक उपयोग होने लगा है।

एक प्रकार से कहा जाय तो हस्ताक्षर व्यक्ति के अन्तर्बाह्य का सूक्ष्म रूप है, उसका वास्तविक स्वरूप है, उसका सही आचरण है, उसके अन्तःकरण का सजीव प्रतिबिम्ब है, कागज़ पर अंकित उसका व्यक्तित्व है, जो चिरस्थायी है, अमिट है और अपने आप में उसके जीवन का सम्पूर्ण इतिवृत्त समेटे हुए है।

यह ज्ञान केवल कल्पना पर ही आधारित नहीं, अपितु विज्ञान के ठोस धरातल पर स्थित है। परीक्षण के तौर पर यह विज्ञान पूर्णतया सफल सिद्ध हुआ है। इसके उपयोग से सही व्यक्तियों के चयन में सफलता मिली है, प्रतिष्ठानों की कार्य-कुशलता बढ़ी है, शिक्षण के क्षेत्र में बालकों का सही-सही मार्ग-दर्शन हुआ है, योग्य एवं सफल उम्मीदवारों का चयन होने लगा है, वैवाहिक सम्बंध अधिक दृढ़ एवं मधुर बनने लगे हैं तथा व्यक्ति पहले की अपेक्षा अधिक सक्षम एवं सुव्यवस्थित होने लगा है।

हिन्दी में यह सर्वप्रथम पुस्तक है, जिसमें बहुत–से राजनीतिज्ञों, लेखकों, विचारकों, खिलाड़ियों एवं अन्य प्रसिद्ध व्यक्तियों के मूल हस्ताक्षर देकर पुस्तक को सांगोपांग सम्पूर्ण बनाने का प्रयास किया गया है। मुझे विश्वास है, मेरी अन्य पुस्तकों की भांति ही पाठक इसे अपनाकर व पुस्तक के सम्बंध में अपने सुझाव आदि देकर मुझे प्रोत्साहित करेंगे।

अपने प्रकाशक का तो मैं विशेष कृतज्ञ हूँ जिनके सद्प्रयत्नों से यह पुस्तक आपके हाथों में पहुँच रही है, एतदर्थ पाठकों तथा अपनी ओर से उन्हें धन्यवाद देना भी मैं अपना कर्त्तव्य समझता हूँ।

— डॉ. नारायणदत्त श्रीमाली

विषय-सूची

हस्ताक्षर सूची

हस्तलेख विश्लेषण आश्चर्यजनक सटीकता के साथ बता सकता है कि लिखने वाला क्या करेगा और किन परिस्थितियों में उसकी प्रतिक्रिया क्या होगी।

एम. एन. बंकर,

संस्थापक, इन्टरनेशनल ग्राफो-एनेलिसिस सोसाइटी, अमेरिका

लिखावट के नमूने का विश्लेषण व्यक्ति के व्यवहार का सूचक और चरित्र का बिल्कुल ठीक मूल्यांकन कर सकता है... इससे व्यक्ति के भावी व्यक्तित्व और बौद्धिक विकास का भी आकलन सम्भव है।

बी. पेसिन रोजन,

अमेरिकी विद्वान् (1965)

प्रवेश

इतिहास गवाह है कि हस्तलेख विज्ञान या हस्ताक्षर विज्ञान युगों से निरन्तर विकसित हुआ है। इसका विकास कभी गति पकड़ता हुआ सा प्रतीत होता है तो कभी धीमा हो जाता हुआ। आज हस्तलेखन विज्ञान अथवा हस्ताक्षर विज्ञान मनोविज्ञान की महत्त्वपूर्ण शाखा बन गया है जो प्रत्येक तर्क की कसौटी पर खरा उतरता है और जिसके माध्यम से हम हस्ताक्षरकर्त्ता के स्वभाव, व्यक्तित्व तथा इसके मानसिक स्वभाव से भली-भाँति परिचित हो सकते हैं।

यदि सहज रूप से देखा जाए तो हस्तलेख का सम्बंध भारत की अपेक्षा पाश्चात्य के कुछ अधिक निकट दिखाई देता है, परन्तु इसका मूल रूप भारतीय आर्य ऋषियों के वाक्यों में है। पाराशर, भृगु, वशिष्ठादि ऋषियों ने इस पद्धति पर चिन्तन किया है और इसके माध्यम से मानव-जीवन की विशेषताओं को उजागर करने के लिए जो सूत्र स्थापित किए हैं, वे आज भी सत्य हैं और उन सूत्रों के माध्यम से जब हम किसी भी व्यक्ति के हस्तलेख का विश्लेषण करते हैं तो प्रतीत होता है जैसे हम इसे देख चुके हैं अथवा इससे परिचित हैं। इस पद्धति के माध्यम से हम हस्तलेखक के रहन-सहन, खान-पान, वेशभूषा, आचार-व्यवहार तथा मानसिक अवस्था आदि सभी की इतनी सूक्ष्म जानकारी ले लेते हैं कि

वह व्यक्ति दूर होते हुए भी अपरिचित नहीं रहता, उसके किसी भी क्रिया-कलाप से हम अनभिज्ञ नहीं रहते।

जिस प्रकार संसार में किन्हीं दो व्यक्तियों के हाथ की रेखाएँ एक-सी नहीं हो सकतीं, उसी प्रकार विश्व में किन्हीं दो व्यक्तियों का हस्तलेख और हस्ताक्षर भी एक-से नहीं होते। किसी का पत्र या लिखावट देखकर ही हम यह जान सकते हैं कि यह लिखावट अमुक व्यक्ति की है। जैसी मेरी लिखावट है, वैसी आपकी नहीं है और जैसी आपकी लिखावट है, वैसी किसी दूसरे की नहीं है। आपकी लिखावट केवल आपकी ही है। वह लिखावट ही आपका मौलिक स्वरूप है, आपके व्यक्तित्व का प्रतिबिम्ब है और कागज़ पर आपका साकार रूप है, अतः किसी की लिखावट और उसके व्यक्तित्व को अलग-अलग करके नहीं देख सकते, अपितु दोनों एक-दूसरे की छाया-प्रतिच्छाया हैं।

आप स्वयं किन्हीं दो व्यक्तियों की लिखावट को पास-पास रख कर अध्ययन करें, उन दोनों लिखावटों का अन्तर स्वतः ही आपको स्पष्ट हो जाएगा। अल्पविराम, अर्द्धविराम, पूर्णविराम आदि के प्रयोग में अन्तर के साथ ही अक्षरों की बनावट, लम्बाई, चौड़ाई, मोटाई तथा अग्रगामी, पाश्चत्गामी, ऊर्ध्वगामी आदि में भी अपने आप अन्तर का पता चल जाता है। कोई अक्षरों पर सीधी लाइन खींचता चलता है तो कोई बिना लाइन के ही अक्षर लिखता चला जाता है, किसी के अक्षरों पर टूटती हुई लाइन बढ़ती चली जाती है तो किसी के अक्षरों पर लहरियेदार पंक्ति बनती चली जाती है। सभी के लिखने का अपना-अपना ढंग है, अपना-अपना प्रकार है। वे चाह कर भी दूसरों के समान नहीं लिख पाते और उनकी लिखावट ठीक एक विशिष्ट प्रकार से आगे बढ़ती चली जाती है।

अब प्रश्न यह उठता है कि दो व्यक्तियों की लिखावट एक समान क्यों नहीं होती और यह 'क्यों' ही हस्ताक्षर विज्ञान का मूल है। यह 'क्यों' ही कई प्रश्न हमारे सामने उभारता है। हम क्यों एक विशिष्ट

प्रकार से ही लिख पाते हैं, क्यों हमारी लिखावट दूसरे से नहीं मिलती, जैसा मैं लिख सकता हूँ, वैसा दूसरा क्यों नहीं, ऐसा क्यों?

इस रहस्य का स्पष्टीकरण केवल हस्तलेख विज्ञान ही कर सकता है, दूसरी कोई विद्या या विज्ञान नहीं।

मानव का निर्माण अत्यन्त छोटे-छोटे 'कोषों' से हुआ है और ये 'कोष' अपने कई रूपों में प्रवाहित हैं। इन कोषों की न्यूनाधिकता से ही मनुष्य-मनुष्य में अन्तर आता है और वह कई रूपों में दिखाई पड़ता है। लोभी, क्रोधी, उजड्ड, कामुक आदि भली-बुरी प्रवृतियाँ इन कोषों की न्यूनाधिकता से ही हैं और ये प्रवृत्तियाँ ही मानव के प्रत्येक क्रिया-कलाप पर छाई रहती हैं, जिससे उसके चरित्र का निर्माण होता है।

उसके चलने का ढंग अलग ही होगा, उसका व्यवहार उखड़ा-उखड़ा-सा प्रतीत होगा तथा उसकी बातचीत में अस्थिरता स्पष्टतः झलकती रहेगी। जिस प्रकार क्रोधमय प्रवृत्ति की अधिकता से उसके हाव-भाव, रहन-सहन, बातचीत आदि में विशिष्टता नज़र आयेगी, उसी प्रकार उसके अक्षरों की लिखावट, चिन्ह, शिरोरेखा, बिन्दुओं, मात्राओं आदि में भी अलग प्रकार की ही विशिष्टता दृष्टिगोचर होगी। उसकी आन्तरिक प्रवृतियाँ स्वतः ही उसकी लिखावट को एक प्रकार दे देंगी, पर वह लिखावट का प्रकार ठीक वैसा ही होगा, जैसा उसका अन्तःकरण है, जैसा उसका स्वभाव है, जैसा उसका व्यक्तित्व है। अतः समष्टि में कहा जाए तो किसी भी व्यक्ति का हस्तलेख ही उसका अन्तःकरण है, उसका व्यक्तित्व है।

हस्ताक्षर हस्तलेख का ही रूप है। हस्तलेख के लम्बे विश्लेषण में हमें बहुत समय लगाने के बाद जो नतीजे प्राप्त होते हैं वही हमें हस्ताक्षर विश्लेषण से तुरन्त मिल जाते हैं। कुछ विद्वानों ने हस्तलेख के बारे

में अपने विचार व्यक्त किये हैं, उदाहरणस्वरूप, कन्फ्युशियस का कहना था,

'लेख साफ तौर से बता सकता है कि लिखने वाला शिष्ट है या अशिष्ट।'

अरस्तु का दावा था कि वह किसी भी लेख को देखकर उसके लेखक के व्यक्तित्व का वर्णन कर सकते हैं, उन्होंने कहा,

'जैसे सभी व्यक्तियों के बोलने की ध्वनि एक जैसी नहीं होती वैसे ही सभी का लेख एक जैसा नहीं होता।'

सन् 1622 में इटली के कैमिलो बाल्दी ने हस्तलेखन का गहन अध्ययन किया और एक छोटी पुस्तिका छापी जिसका शीर्षक था,

'हस्तलेख से लेखक की प्रकृति, स्वभाव और गुणों की पहचान।'

यह उनके बोधगम्य विचारों और ज्ञानविषयक टिप्पणियों का एक संकलन था और शायद इस विद्या का शुरुआती बिन्दु। अंग्रेज़ी में इस विद्या अथवा विज्ञान को ग्राफोलोजी कहते हैं। और यह माना जाता है कि 1875 में फ्रांस के मठाधीश जीन हाइपोलेट माइकन ने 'ग्राफोलोजी' अर्थात हस्तलेखन विज्ञान की रचना की। 'ग्राफोलोजी' शब्द ग्रीक के 'ग्राफ' से लिया गया है, जिसका अर्थ है 'को लिखो' या 'मैं लिखूं' और 'लोगोस' का अर्थ है 'मत' या 'सिद्धान्त'।

हस्तलेख विश्लेषण एक प्रकार का व्यक्ति की पहचान का विज्ञान है। हरेक हस्ताक्षर को हस्ताक्षर विशेषज्ञ या फिर आप भी स्वयं विश्लेषित कर सकते हैं। कोई भी विचारशील पाठक इस रोमांचक विद्या, हस्ताक्षर विज्ञान, से व्यक्ति की पहचान कर सकता है – व्यक्तित्व की विशेषताएं, नौकरी व विवाह के अनुरूप व्यक्ति,

विश्वासपात्र, व्यक्ति के जाली हस्ताक्षर। मज़े की बात यह है कि किसी भी जालसाज़ी करने वाले के हस्ताक्षर का विश्लेषण कर उसे पकड़ा भी जा सकता है।

अतः हस्ताक्षर विज्ञान के मौलिक पक्षों को जानना ज़रूरी है – सभी के हस्ताक्षर परिवर्तनीय होते हैं। किसी भी व्यक्ति के दो हस्ताक्षर एक जैसे नहीं होते। किसी-किसी व्यक्ति के हस्ताक्षर इतने अलग-थलग होते हैं कि उसके शब्दों की विशिष्ट बनावट और ढंग को पहचानने के लिए दर्जनों हस्ताक्षर लेने पड़ते हैं। एक बार हस्ताक्षर विशेषज्ञ के पास पूर्ण नमूने इकट्ठे हो जाएं तो ही वह जांच करने वाले हस्ताक्षर के साथ रखकर देखता है कि कौन सा हस्ताक्षर प्रामाणिक है और कौन सा नकल यानि जाली।

सच्चाई प्रमाणित करने के लिए हस्ताक्षर विशेषज्ञ हस्ताक्षर को तीन कसौटियों पर जांचता है:

1. हस्ताक्षर का सामान्य स्वरूप
2. व्यक्तिगत विशिष्टता या विलक्षणता या सनक या लत
3. हस्ताक्षर की गुणवत्ता

इस प्रकार किसी भी हस्ताक्षर को जांचने के लिए उपरोक्त तीन कसौटियों पर जांचना आवश्यक होता है।

हस्ताक्षर विश्लेषण ऐसा विज्ञान है जिसके द्वारा हम किसी भी व्यक्ति के हस्ताक्षर से उसके चरित्र का वर्णन कर सकते हैं।

हस्ताक्षर विज्ञान का इतिहास

हस्ताक्षर विज्ञान मूल रूप में एक अत्यन्त प्राचीन विज्ञान है। इस विद्या की जड़ें प्रसिद्ध आर्य ऋषियों के कथनों, प्रयत्नों एवं परीक्षणों पर आधारित हैं, पर उस समय यह विज्ञान न होकर शास्त्र के ही रूप में मान्य था।

सर्वप्रथम महर्षि पाराशर ने हस्ताक्षर का विश्लेषण करने के लिए अक्षरों की बनावट को स्पष्ट करने का सफल प्रयास किया था। अक्षर, अक्षरों की बनावट, अक्षरों का मूल स्वरूप आदि के बारे में उनके कथन आश्चर्यजनक रूप में सत्य हैं, उन्होंने अपने एक महत्त्वपूर्ण ग्रन्थ में अक्षरों की भाषा पर बड़ा ही सुन्दर तथा रोचक प्रकाश डाला है और सफलतापूर्वक यह स्पष्ट किया है कि व्यक्ति द्वारा लिखे अक्षर ही उसका व्यक्तित्व हैं एवं उसकी लिखावट ही उसका ब्रह्म है। दूसरे शब्दों में, अक्षर ही आत्म हैं और अक्षर ही ब्रह्म हैं।

पाराशर के पश्चात् भी अन्य कई ऋषियों ने इस धारा को आगे बढ़ाया, परन्तु यह विरल ही बनी रही। इसमें सघनता कालिदास के समय में आई। 'वागर्था विवसम्प्रक्तौ' कहकर वाक् और अर्थ को सर्वोच्च महत्त्व उन्हीं ने दिया, लेकिन इसके पश्चात् भी यह धारा शनैःशनैः ही अग्रसर हुई। हमारे देश में इस विषय पर बहुत खोज नहीं हुई है परन्तु शिक्षा के पुरातन तरीके में लिखावट को बहुत महत्त्वपूर्ण

स्थान दिया गया था। प्राचीन ग्रीस में उच्च शिक्षा अकादमियों में छात्रों का प्रवेश या चुनाव अच्छी और सुन्दर लिखावट के आधार पर निर्भर था।

हस्तलेख विश्लेषण की आधुनिक संकल्पना पश्चिम विचारधारा से प्रभावित है। जहां पश्चिमी विचारधारा का प्राधान्य है वहां हस्तलेख विश्लेषण का ज्ञान प्रचलित और जाना पहचाना है; उन्हीं देशों में इस विषय पर गहन शोध भी किया गया है।

दूसरी शताब्दी के शुरु में सी. सुटोनियस ट्रांक्विलिस ने रोमन सम्राट आगस्टस सीज़र की लिखावट के अनोखेपन पर टिप्पणी की। चीन में 11वीं शताब्दी की शुरुआत में व्यक्ति की लिखावट और व्यक्तित्व में आपसी सम्बंध का अध्ययन हुआ। सामान्यतः हम सभी जानते हैं कि मध्यकालीन यूरोप में भिक्षुओं के आधारभूत कर्त्तव्यों में से एक यह भी था कि भावी पीढ़ियों के लिए वह प्राचीन पांडुलिपियों की सुन्दर लिखावट में प्रतिलिपि तैयार करें। इसी कारण 12वीं शताब्दी तक यूरोप में लिखावट का अध्ययन भिक्षुओं तक ही सीमित था। इटली के बलोनिया विश्वविद्यालय में दर्शन और चिकित्सा विज्ञान के प्रोफेसर कैमिलो बाल्दी ने अपनी पुस्तक *'How to Judge the Nature and Character of a Person from his Letter'* (1622) में लिखा:

> 'यह स्पष्ट है कि सभी व्यक्ति अपने तरीके से लिखते हैं। किसी भी व्यक्ति के चरित्र के बारे में उसकी लिखावट से अनुमान लगाया जा सकता है परन्तु इसके लिए यह आवश्यक है कि यह देखा जाये कि लिखावट की विशेषताओं की

> पुनरावृत्ति है अथवा नहीं। साथ ही यह भी आवश्यक है कि किसी कृत्रिम तरीके से लिखावट को बदलने का प्रयास तो नहीं किया गया।'

प्रोफेसर बाल्दी ने वह तरीका बताया जिसके द्वारा लिखने वाले की प्रकृति और प्रवृति को जाना जा सकता था। वास्तव में बाल्दी ने ही इस क्षेत्र में पहली कोशिश की। इस विषय पर द्वितीय पुस्तक भी इटली के ही प्रतिष्ठित चिकित्सक डॉ. मार्कस अमेलियस सेवेरीनिस ने लिखी थी। परन्तु यह दोनों पुस्तकें हस्तलेख विषय के व्यवस्थित अध्ययन के विरले प्रयास थे जो जल्द ही इतिहास के अंधेरे में खो गये।

एक बार फिर लिखावट के विषय में दुबारा रुचि तब उत्पन्न हुई जब उन्नीसवीं शताब्दी के आरम्भ में दो फ्रांसीसियों एब्बे माईकन और एब्बे फलैन्डरिन ने हस्तलेख के आधार पर व्यक्ति के लक्षण समझने का प्रयास किया। इस पुस्तक में केवल एक अध्याय ही लिखावट विषय पर था जिसमें उन्होंने लिखा,

> 'वर्ण की खड़ी रेखा (तना), उसकी ऊंचाई और लम्बाई, वर्ण की स्थिति और लिखावट की स्पष्टता लेखक के विचारों को प्रकट करती है। यदि पूरी लिखावट सुव्यवस्थित है तो लेखक के सुव्यवस्थित चरित्र के बारे में आसानी से अनुमान किया जा सकता है।'

उसी समय के प्रसिद्ध जर्मन सैद्धान्तिक भौतिकी वैज्ञानिक और विद्वान गोएथ ने भी अनेक व्यक्तियों की शब्द-रचना का तुलनात्मक विश्लेषण किया और उस तुलना के आधार पर व्यक्ति के चरित्र एवं लक्षणों के बारे में निष्कर्ष निकालने का प्रयास किया। सन् 1820 में

लिखे अपने एक पत्र में उन्होंने लिखा: 'विभिन्न हस्ताक्षरों की भूल-भूलैया से बाहर निकलने का रास्ता बहुत जटिल है।'

लिखावट के अध्ययन को विज्ञान सम्मत बनाने का सर्वप्रथम महत्त्वपूर्ण प्रयास उन्नीसवीं सदी के उत्तरार्ध में फ्रांसीसी जीन माईकन ने किया। (जैसा पहले बताया जा चुका हैं अंग्रेज़ी शब्द ग्राफोलोज़ी जिसका अर्थ है 'हस्तलेख विज्ञान' भी उन्होंने ही रचा था)। इस सरल एवं सहृदय फ्रांसीसी मठाधीश का सम्पूर्ण जीवन इस विद्या की खोज तथा परीक्षण में ही व्यतीत हो गया। अपने जीवन में उसने सैकड़ों प्रयोग किए, लाखों हस्ताक्षर एकत्रित किए, उनका वर्गीकरण किया तथा इस विज्ञान के लिए एक उपयुक्त आधारभूमि तैयार की।

उन्होंने अक्षरों और हस्तलेखन का विश्लेषण करने के लिए निम्नलिखित सात प्रमुख पहलु बताए –

1. अक्षर की लम्बाई-चौड़ाई
2. अक्षर का आकार
3. लेखनी का दबाव
4. अक्षर की दिशा
5. अक्षर की रूप-रेखा
6. लिखने की गति
7. अक्षरों की निरन्तरता

अपने निष्कर्ष उन्होंने 1870 और 1875 के बीच प्रकाशित तीन पुस्तकों में लिखे और हस्तलेख विश्लेषण के नियमों की एक विस्तृत सूची भी तैयार की परन्तु उन्होंने यह कभी नहीं बताया कि उनके नियम क्यों सही हैं। हस्तलेख विद्या पर अनुसन्धान करने और लोकप्रिय

बनाने के लिए उन्होंने फ्रांस में 1871 में 'सोसाईटी ग्राफिलोक' नाम की संस्था की स्थापना भी की। उनके इन निरन्तर प्रयासों के पश्चात् ही हस्तलेख विज्ञान और हस्ताक्षर विज्ञान में व्यापक सार्वजनिक रुचि जागी।

माईकन के विचारों के उत्तराधिकारी ज्यूल्स क्रेपियू यामीन, जो उनके विद्यार्थी भी थे, उनकी पद्धति से पूर्णत: सहमत नहीं थे; वह इस बात को स्वीकार नहीं करते थे कि हस्तलेख अथवा हस्ताक्षर के एक विशेष तत्व या चिन्ह का एक ही अर्थ है या हो सकता है। उनका मानना था कि हस्तलेख के किसी भी तत्व या चिन्ह का महत्व उसके संदर्भ के साथ जुड़ा है और संदर्भ बदलने पर उसका अर्थ या महत्व भी बदल जाता है। उन्होंने यह सिद्धान्त प्रतिपादित किया कि हस्ताक्षर विश्लेषण एक उलझी पहेली की तरह होता है जिसमें प्रत्येक अक्षर तत्व और चिन्ह अन्य अक्षरों व अन्य तत्वों से जुड़ा होता है। उन्होंने माईकन की सूची पर पुन: अनुसन्धान किया और अपने अध्ययनों के आधार पर हस्ताक्षर और हस्तलेख विश्लेषण के 175 नये नियमों की सात हिस्सों (वर्गों) में विभाजित सूची बनायी। ज्यूल्स क्रेपियू 1940 तक सक्रिय रहे और हस्तलेख विश्लेषण की प्रगति की दिशा में महत्वपूर्ण योगदान दिया।

जर्मन के प्रोफेसर डॉ. विलियम टी प्रॉयर (1841-1895) ने इस सम्बन्ध में विशेष अनुसन्धान किए और इस विज्ञान को एक स्वतंत्र विषय की तरह स्थापित किया।

परीक्षणों के दौरान उन्होंने पाया कि मानव का हाथ निष्क्रिय है, सक्रिय तो केवल उसका मस्तिष्क है, हाथ तो केवल उसकी आज्ञा का पालन भर ही करता है। जिस क्षण विशेष में व्यक्ति की जैसी मस्तिष्क स्थिति होती है, हाथ की लिखावट भी उसी के अनुरूप परिवर्तित हो जाती है। क्रोधातिरेक के समय किसी व्यक्ति की लिखावट जिस प्रकार की होती है, प्रसन्नता के समय उसी व्यक्ति की लिखावट में आकाश-पाताल का अन्तर आ जाएगा। उन्होंने यह भी कहा कि

मनुष्य की वास्तविक पहचान का सही माध्यम केवल उसकी लिखावट ही है। आमने-सामने होने पर मनुष्य अपने स्वार्थ साधन के लिए हाव-भाव, चेष्टा आदि से सामने वाले को धोखे में डाल सकता है, वाक्चातुर्य से उसे भ्रम की भूलभुलैया में भी भटका सकता है, परन्तु अपनी लिखावट में धोखा या छल नहीं कर सकता। व्यक्ति की लिखावट में उसका अन्तःकरण स्वतः प्रकट होता है; मानव के अन्तःकरण की पहचान केवल हस्तलेख अथवा हस्ताक्षर से ही संभव है, अन्य किसी प्रकार नहीं।

प्रोफेसर विलियम प्रॉयर के सद्प्रयत्नों के फलस्वरूप फ्रांस, जर्मनी, इटली, स्विट्जरलैण्ड आदि देशों में भी इसके प्रति रूचि बढ़ी तथा इस ओर गम्भीर शोध एवं अनुसन्धान किए जाने लगे। इस विषय में बीसवीं सदी के प्रारम्भ में डॉक्टर लुडविग क्लाग्स (1872-1956) के किए गए परीक्षण इस विज्ञान की विशिष्ट उपलब्धि हैं। जर्मन ग्राफोलोजी संस्थान की स्थापना (1894) का श्रेय भी उन्हीं को जाता है।

द्वितीय महायुद्ध के उपरान्त जर्मनी में यह अनुभव किया गया कि काम में सफलता, योग्य और निपुण कर्मचारियों के चुनाव पर ही निर्भर है और योग्य कर्मचारियों का चुनाव केवल मात्र हस्ताक्षर विज्ञान द्वारा ही सम्भव है, दूसरा कोई उपाय नहीं। अतः जर्मनी में कर्मचारियों का चुनाव करते समय अपने हाथ से लिखी अर्ज़ी या प्रार्थना पत्र मँगाने की विधि अपनाई गई और इस प्रकार व्यक्ति की लिखावट के बल पर जो चुनाव हुआ, वह 96 प्रतिशत सही रहा। जर्मनी की सर्वतोमुखी उन्नति का मूल रहस्य इसी में छिपा है।

यह संतोष की बात है कि आज यह विज्ञान विश्व के लगभग सभी देशों में लोकप्रिय हो रहा है तथा इस पर नित नये-नये अनुसन्धान एवं परीक्षण हो रहे हैं। रिचार्ड हैरन एडिन, मिस्टर टैल्सर, मिस्टर एरिफ आदि इस विज्ञान के विश्वख्याति प्राप्त वैज्ञानिक हैं, जिनके शोध महत्त्वपूर्ण एवं उच्चकोटि के हैं।

भारत में यद्यपि इस विद्या को वह प्रचार–प्रसार नहीं मिल सका है, जो मिलना चाहिए था, लेकिन धीरे–धीरे इसके प्रति लोगों का रुझान बढ़ने लगा है। कई प्राइवेट कम्पनियाँ तथा व्यवसायी अपने कर्मचारियों का चुनाव करने से पूर्व उनके हस्तलिखित प्रार्थना पत्र मँगाते हैं तथा हस्ताक्षर विशेषज्ञ उनके लिए योग्य कर्मचारियों के चुनाव में सहायक होते हैं।

हस्तलेख एवं हस्ताक्षर किसी भी व्यक्ति के आचरण का एक रिकॉर्ड है, उसके माध्यम से व्यक्ति के गुणों और अवगुणों की तुरन्त पहचान की जा सकती है। किसी भी काम की सम्पन्नता योग्य व्यक्ति के चुनाव पर निर्भर है और योग्य कर्मचारियों का चुनाव मात्र एक ही विधि से जाना जा सकता है और वह है उसका व्यक्तिगत आचरण, उसका हस्तलेख, उसके हस्ताक्षर। यदि सही पदों पर सही व्यक्तियों का चुनाव हो जाये तो हमारी अनेक समस्याएँ सहज ही हल हो जाएँ।

हस्तलेख वास्तव में मस्तिष्क
अथवा दिमागी लेख है।

हस्ताक्षर विज्ञान का उपयोग

मनुष्य एक सामाजिक प्राणी है और स्वयं में इकाई होते हुए भी वह समाज के साथ और समाज में ही रहता है। अकेलापन उसे खलता है। वह जीवन का अधिकाधिक समय समाज में ही बिताने का प्रयास करता है।

समाज के साथ उसके इस पारस्परिक सम्बंध के कारण जहां उस पर सामूहिक सामाजिक व्यवहार, रीति-रिवाज़ और विचारधारा का प्रभाव पड़ता है, वहीं उसके निजी विचार तथा आचरण भी समाज के सदस्यों को प्रभावित करते हैं। चूँकि समाज की श्रेष्ठता उसके सदस्यों के आन्तरिक गुणों से ही आंकी जाती है यह आवश्यक है कि समाज के सदस्यों के नैतिक गुण उच्च, दिव्य एवं प्रभावशाली हों। साथ ही समाज के जो अंग निष्क्रिय अथवा पथभ्रष्ट हैं, उनकी पहचान की जा सके और उन्हें सुधारा जा सके।

आज यदि हम अपने आस-पास देखें तो हेरा-फेरी, जालसाज़ी आदि की प्रवत्ति बढ़ती जा रही है। परन्तु हमें रहना तो इसी समाज में है अत: हमें सतर्क होकर जीवन व्यतीत करना चाहिए। ऐसी परिस्थितियों में हस्ताक्षर विज्ञान जीवन के हर पहलू में हमारे हितों की रक्षा कर सकता है।

सन् 1956 के पश्चात् भारत में भी हस्ताक्षर विज्ञान की ओर ध्यान दिया जाने लगा और यह एक आयोजित अध्ययन का विषय बन गया। सन्तोष की बात है कि आज इस विषय की उपयोगिता का व्यापक एहसास है और लगभग सभी महत्त्वपूर्ण पदों के लिए प्रत्यक्ष अथवा अप्रत्यक्ष रूप से लेखन विज्ञान और हस्ताक्षर विशेषज्ञों की राय को उपयुक्त महत्त्व दिया जाता है।

हस्तलेख विज्ञान का जिन विभिन्न क्षेत्रों में प्रयोग किया जाता है उनमें से कुछ प्रमुख क्षेत्र हैं – कानूनी विवाद, शैक्षणिक क्षेत्र, स्वयं की पहचान, कैरियर का मार्गदर्शन, किश्तों पर सम्पत्ति की खरीद, कर्मचारियों का चुनाव, विवाह के लिए राय एवं ऐतिहासिक खोजबीन आदि के लिए। हालांकि कोई भी ज्ञात वैज्ञानिक सिद्धान्त हस्तलेखन विज्ञान की पूर्ण रूप से पुष्टि नहीं करता परन्तु फिर भी हस्तलेख विज्ञान ने बहुत–सी संस्थाओं को जालसाज़ी और धोखाधड़ी से बचाया है।

युद्ध में उपयोग

द्वितीय महायुद्ध में हस्ताक्षर विज्ञान एवं हस्तलेख विश्लेषण का गहन उपयोग किया गया। उस समय अमेरिका युद्ध–रत था और उसने विश्व के अनेक मोर्चे संभाल रखे थे। इन मोर्चों को सक्षम और योग्य नेतृत्व देने के लिए काबिल अफसरों का चुनाव आवश्यक था – और इस प्रक्रिया में हस्ताक्षर विशेषज्ञों ने महत्त्वपूर्ण भूमिका निभायी। उनके विश्लेषण के आधार पर चुने गये व्यक्तियों की कर्तव्यनिष्ठा एवं उत्तरदायित्व के कारण ही अमेरिका और इंग्लैण्ड की जीत और जर्मनी की पराजय हुई। हैरी ओ. टेल्टशर ने अपनी महत्त्वपूर्ण पुस्तक 'हैण्डराइटिंग द की टु सक्सैस फुल लिविंग' *(Handwriting the Key to Successful Living)* में लिखा है– 'सबसे महत्त्वपूर्ण कार्य, हस्तलेख विज्ञान ने दूसरे महायुद्ध में किया, जब इसका उपयोग

संयुक्त राष्ट्र अमेरिका के सेना विभाग ने चरित्र एवं व्यक्तित्व की बारीकी से जांच करने के लिए सफलतापूर्वक किया था।'

द्वितीय महायुद्ध की समाप्ति पर यह विज्ञान विश्व के अन्य देशों में भी फैला और सभी ने इसकी उपयोगिता, महत्ता एवं प्रामाणिकता को सराहा। फ्रांस सरकार की रिर्पोट के अनुसार हस्ताक्षर विशेषज्ञों के सहयोग से जो नियुक्तियां हुईं, वे बहुत सफल रहीं और उससे उनके राष्ट्रीय स्तर में भी महत्त्वपूर्ण वृद्धि हुई।

फ्रांस के प्रसिद्ध हस्ताक्षर विशेषज्ञ ज़ैड एच फेना ने एक वार्ता में इस तथ्य को स्वीकार किया कि फ्रांसीसी गुप्तचर विभाग में श्रेष्ठ स्थितियां इसीलिए सम्भव हुई कि उन्होंने हस्ताक्षर विज्ञान के महत्त्व को समझा और इस ज्ञान का लाभ उठाया।

कानूनी कार्य में उपयोग

कानून में हस्तलेख विज्ञान का प्रयोग प्रायः वसीयत और विरासत के दस्तावेज़ों के विवाद, धोखाधड़ी व जाली दस्तावेज़ बना कर सम्पत्ति की बिक्री के मामलों में होता है। ऐसे कानूनी विवादों में इसके माध्यम से अदालत विवादास्पद परन्तु महत्त्वपूर्ण दस्तावेज़ों की लिखाई अथवा उन पर किये गये हस्ताक्षरों की वैधता की पुष्टि करता है। हस्तलेख विज्ञान में दस्तावेज़ लिखने वाले, या हस्ताक्षर करने वाले, की लिखावट से उसकी पहचान की जाती है और इस पहचान को प्रामाणिक माना जाता है। ऐसे विवादित मामलों में विशेषज्ञों को दो मुख्य कठिनाइयों का सामना करना पड़ता है:

1. हस्ताक्षर की प्रामाणिकता के प्रति स्वयं आश्वस्त होना।
2. न्यायालय के समक्ष प्रमाणों की सत्यता पेश करना।

कभी-कभी दस्तावेज़ की लिखावट पर कोई सन्देह नहीं होता परन्तु जिन परिस्थितियों में दस्तावेज़ लिखा गया या उस पर हस्ताक्षर

किये गये थे, वह विवाद का विषय बन जाता है। ऐसी परिस्थितियों में हस्ताक्षर विशेषज्ञ की आवश्यकता पड़ती है। वह बता सकता है कि:

1. क्या लेखक के साथ ज़बरदस्ती कर दस्तावेज़ तो नहीं लिखवाये गये?
2. क्या दस्तावेज़ के लिखने और हस्ताक्षर होने के बाद उनमें हेर-फेर तो नहीं किया गया?

दस्तावेज़ की जांच-पड़ताल के दौरान यदि हस्तलेख पर कोई सन्देह होता है या फिर दस्तावेज़ों में अक्षर टूटे-फूटे होते हैं तो सबसे पहले लिखने वाले कथित व्यक्ति की वास्तविक लिखावट से विवादित दस्तावेज़ की तुलना की जाती है।

जालसाज़ी और जाली दस्तावेज़ बनाना कानून में गम्भीर अपराध ठहराया गया है। अकसर बैंक इस तरह की जालसाज़ी का शिकार बनते हैं – जैसे चैक पर जाली हस्ताक्षर कर रकम निकालने के प्रयत्न। जिन हस्ताक्षरों पर किसी तरह का शक होता है, उनकी तुरन्त वास्तविक हस्ताक्षरों से तुलना की जाती है। तुलनात्मक अध्ययन के दौरान विशेषज्ञ संदिग्ध हस्ताक्षरों को बड़ा करके और उल्टा करके भी देखते हैं ताकि लिखावट पर लगाया गया दबाव देखा जा सके कि वह सभी अक्षरों पर बराबर है या नहीं।

इस संदर्भ में उल्लेखनीय है कि अमेरिका में यदि किसी भी विवाद में हस्तलेख अथवा हस्ताक्षर का नमूना लिखने वाली की अनुमति के बिना लिया गया हो या किसी अवैध तरीके से प्राप्त किया गया हो तो उसे सबूत बतौर नहीं माना जाता। जिस व्यक्ति की लिखावट का मूल्यांकन किया जाना है उसकी लिखाई का नमूना स्वेच्छा और जानकारी से लेना आवश्यक है।

दस्तावेज़ की प्रामाणिकता को सिद्ध करने के लिए हस्ताक्षर पहचान के साथ कई अन्य पहलुओं का भी अध्ययन और विश्लेषण किया जाता है। उदाहरणतः

- क्या दस्तावेज़ लिखने की तिथि कागज़-उत्पादन की तिथि (अर्थात् कागज की आयु) से पहले की तो नहीं है, और यदि कथित तारीख पहले की है तो दस्तावेज़ जाली है।
- माइक्रोस्कोप से कागज़ और हस्तलेख का परीक्षण।
- हस्तलेख की वास्तविक तारीख को जानने के लिए कागज़ और स्याही का रासायनिक और भौतिक परीक्षण।
- कागज़ पर सिलवट (क्रीज़) बनने से पहले लिखा गया या सिलवट बनने के बाद लिखा गया, इस तथ्य का निर्धारण करना।

शैक्षणिक क्षेत्र

औपचारिक और अनौपचारिक शैक्षणिक क्षेत्र में हस्तलेख विज्ञान के अनेक सराहनीय प्रयोगात्मक उपयोग हो रहे हैं। यह निर्विवाद है कि लिखावट के आधार पर लिखने वाले के रुझान का लगभग सटीक अनुमान किया जा सकता है और उसी अनुसार प्रतिभा का विकास ही व्यक्ति और समाज के हित में है – बहुजन हिताय:, बहुजन सुखाय:। सफल शिक्षा प्रणाली का लक्ष्य प्रतिभा अनुसार छात्रों को प्रोत्साहित करना है। वयस्क जीवन के मुख्य पहलू – व्यवसायिक जीवन – का रुचि और प्रतिभा अनुसार होना ही सार्थक जीवन की पहचान है।

हमारी विनियमित और संरचित शिक्षा प्रणाली में अनेक उदाहरण मिलते हैं जब ललित कलाओं में रुचि रखने वाले छात्र गणित के प्रश्नों से जूझते और अपना अमूल्य समय नष्ट करते नज़र आते हैं। इसी प्रकार प्रखर बुद्धिसम्पन्न छात्र अर्थशास्त्र तथा इतिहास जैसे विषयों को

रटते हुए अपने व्यक्तित्व की सम्भावनाओं को धूमिल करते भी मिलते हैं। मार्गदर्शन के अभाव में बच्चे और नौजवान अकसर गलत रास्ता पकड़ लेते हैं, और फलस्वरूप पथभ्रष्ट, अवज्ञाकारी एवं अधीर बन जाते हैं। धीरे-धीरे उनके स्वभाव में विद्रोह भावना उत्पन्न होती है, जो उन्हें उच्छृंखल बना देती है। हस्तलेख विज्ञान अथवा हस्ताक्षर विज्ञान की सहायता से उनके रुझान पता लगाकर उन्हें सही मार्ग की ओर अग्रसर किया जा सकता है।

अव्यक्त प्रतिभा का विकासः बच्चों में अविकसित प्रतिभा की पहचान और उस प्रतिभा के विकास में हस्तलेख विज्ञान विशेषकर उपयोगी है। कुछ बच्चे इतने मेधावी और प्रतिभावान होते हैं कि वह जानते है कि उनकी रुचि क्या है और उनका क्या कैरियर होगा परन्तु अधिकतर बच्चों के लिए प्रतिभा की पहचान करना लगभग असम्भव है और न ही बच्चों की सोच इतनी परिपक्व होती कि वह भविष्य निर्माण के विषय में गम्भीरता से विचार कर सकें।

हस्तलेख के अध्ययन से बच्चों की प्रतिभा का पता लगाकर उन्हें उत्साहित करने और सही कैरियर चुनने में मदद करने में हस्तलेख विज्ञान की एक महत्त्वपूर्ण भूमिका है। यदि नींव सही होगी तो इमारत तो अपने आप मज़बूत होगी।

लिखावट से पता चल जाता है कि लिखने वाले की रुचि गणित में है अथवा रासायनिक शास्त्र, या फिर साहित्य में। लिखावट से ही व्यक्तित्व का भी पता चल जाता है कि व्यक्ति एकान्तप्रिय है या सामाजिक; भूतकाल में जीता है या भविष्य में। उसके लेखन से उसके आन्तरिक और बाह्य व्यक्तित्व की अस्पष्ट झलक मिलती है।

विशेष आवश्यकता वाले बच्चों का विकास : कुछ बच्चों को विशेष शिक्षा की आवश्यकता होती है; ऐसे बच्चे जिनका मानसिक विकास किसी कारणवश पूरा न हो सका हो। उनके जीवन विकास और सुधार में भी हस्तलेख विज्ञान का महत्त्वपूर्ण योगदान है।

उदाहरण के लिए जब आप गेंद बच्चे की ओर उछालते हैं तो एक सामान्य बच्चा गेंद लपक लेता है। यदि आप कोई चित्र बनाते हैं तो बच्चा खुशी से ताली बजाता है। बच्चे की इस प्रतिक्रिया से हमें बच्चे की रुचि के बारे में पता चलता है और हम उसे उसी रुचि में योग्य बनने के लिए उत्साहित करते हैं।

साधारण बच्चों के साथ यह सब किया जा सकता है परन्तु मानसिक रूप से अविकसित बच्चों की रुचि जानना कठिन है; वह किसी भी कार्य में स्पष्ट प्रतिक्रिया नहीं दिखाते। इस तरह उनकी रुचि को जानना या पहचाना अत्यन्त कठिन है। हस्तलेख विज्ञान से इन बच्चों की रुचि का अनुमान लगाना सम्भव है। हस्तलेख विशेषज्ञ ऐसे बच्चों के लेख से उनकी निहित रुचि पहचान लेते हैं। योग्यता की पहचान के बाद विशेष अध्यापकों द्वारा उनकी रुचि को बढ़ावा दिया जा सकता है एवं उसके भावी जीवन को सुरक्षित किया जा सकता है।

अमेरिका, जर्मनी और इंग्लैण्ड जैसे देशों में शिक्षा के क्षेत्र में हस्तलेखन विज्ञान का बहुतायत में उपयोग होता है। आज हमारे देश में भी स्कूलों में मनोविशेषज्ञ नियुक्त किए जाते हैं जो बच्चों की रुचि की पहचान कर उन्हें उसी विषय में उत्साहित करते हैं।

विवाह और हस्ताक्षर विज्ञान

हमारा जीवन सौ वर्षों का होते हुए भी छोटा लगता है; इसे खुशहाल और सार्थक बनाने में अनुकूल रुचि वाले जीवन साथी की विशेष भूमिका है। परन्तु यथार्थ में बहुत सी ऐसी परिस्थितियां होती हैं जब मानसिक स्तर के अनुकूल जीवन साथी नहीं मिलता और बात पहुंचती है तलाक पर। ऐसे सम्बंधों में दोनों व्यक्ति अपने जीवन के मूल्यवान वर्ष दुख में गंवाते है।

मेरे व्यक्तिगत अनुभव में प्रस्तावित विवाह सम्बंधी मामलों में भी हस्ताक्षर विज्ञान का उपयोग बढ़ रहा है। उच्च सामाजिक वर्गों में सम्भावित पति-पत्नी में अकसर हस्तलिखित पत्रों और सन्देशों का आदान-प्रदान होता है और इन दस्तावेज़ों की सहायता से उन दोनों के रुझान एवं उनके व्यक्तित्व का अध्ययन एक सामान्य-सी बात हो रही है।

विवाह के बन्धन में बंधने वाले व्यक्ति एक-दूसरे के अनुकूल हैं अथवा नहीं – हस्ताक्षर विशेषज्ञ इसका भी मूल्यांकन कर सकते हैं। इस विश्लेषण से भावी पति-पत्नी के चरित्र, स्वभाव एवं व्यवहार आदि की उचित जानकारी प्राप्त कर यह भी जाना जा सकता है कि दोनों का वैवाहिक जीवन कितना सार्थक होगा। यह जानकारी दाम्पत्य जीवन को सफल बनाने के लिए आवश्यक है।

यदि कोई वैवाहिक सम्बंध तलाक तक पहुंच चुके हैं परन्तु फिर भी पति-पत्नी भेद-भाव भूलकर विवाहित जीवन पुनः एक साथ जीना चाहते हैं तो ऐसे हालात में भी हस्तलेख विज्ञान सहायक है:

1. जीवन के कौन से क्षेत्र में यह दोनों एक-दूसरे के अनुकूल हैं?
2. परेशानी की अवस्था में यह दोनों कहां जाते हैं?
3. दोनों में से कौन दृढ़ है अर्थात् किसके बदलने की उम्मीद नहीं है?
4. परिस्थितियों के अनुसार कौन स्वयं को ढाल सकता है?

यह तो बात रही विवाह के बाद की समस्या की। यदि हम विवाह से पूर्व ही हस्तलेख विशेषज्ञ से एक-दूसरे के बारे में जानकारी प्राप्त कर लें तो जीवन में आगे आने वाली समस्याओं को सुलझाया जा सकता है और विवाहित जीवन के सम्बंधों को सम्पन्न और सुदृढ़ बनाया जा सकता है।

यहां उदाहरण के लिए एक पति और पत्नी दोनों के हस्तलेख दिए जा रहे हैं जिन्हें देखकर आप उनकी योग्यताओं और आपसी अनुकूलता का पता लगा सकते हैं:

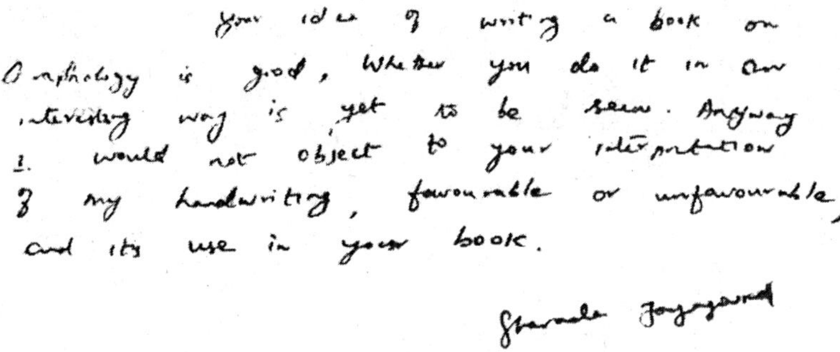
Your idea of writing a book on Graphology is good, Whether you do it in an interesting way is yet to be seen. Anyway I would not object to your interpretation of my handwriting, favourable or unfavourable, and its use in your book.

Sharada Jayagovind

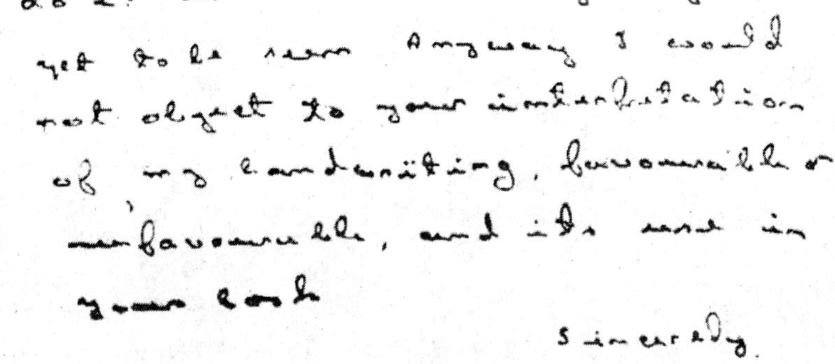
your idea of writing a book on Graphology is good whatever you do it in an interesting way is yet to be seen Anyway I would not object to your interpretation of my handwriting, favourable or unfavourable, and its use in your book

Sincerely.

पिछले पृष्ठ पर दिए गए हस्तलेख के शब्दों का अर्थ इस प्रकार है:

> हस्तलेख विज्ञान पर पुस्तक लिखने का आपका विचार बहुत अच्छा है परन्तु अब यह देखना बाकी है कि आप उसको रुचिकर लिखते है या नहीं। हालांकि मुझे इस बात से कोई आपत्ति नहीं होगी कि आप इस पुस्तक में मेरे हस्तलेख का विश्लेषण पक्ष या विपक्ष में सम्मिलित करते हैं।

पिछले पृष्ठ पर दिए गए पति-पत्नी के हस्तलेख से पता चलता है कि दोनों की पृष्ठभूमि एक जैसी है और दोनों शैक्षिक कार्यों से जुड़े हैं। दोनों एक दूसरे के कार्य में सहायक हैं; दोनों के विचार एक जैसे हैं; दोनों एक दूसरे के अनुकूल हैं जिससे उनके जीवन में उत्पन्न होने वाली आपसी समस्याओं की संभावना कम है।

स्वयं की पहचान

राबर्ट फ्रास्ट ने एक स्थान पर लिखा है:

> 'व्यक्ति की उन्नति इसलिए नहीं हो पाती क्योंकि वह अपने-आपको पहचान नहीं पाता। यदि व्यक्ति अपने-आपको पहचान ले, तो उसकी उन्नति में कोई भी तत्त्व बाधक नहीं बन सकता। हमें चाहिए कि हम स्वयं को पहचाने, अपने रुझान, अपनी आकांक्षाओं एवं संकल्पों को व्यवस्थित रूप प्रदान करें, ताकि हम जीवन में सफल हो सकें। यह आवश्यक है कि हमारे उद्देश्य स्पष्ट हों, लक्ष्य स्थिर हों और हम अपने लक्ष्य की ओर सतत अग्रसर रहें। हम अपने सामर्थ्य को पहचाने तथा कोई भी ऐसा काम अपने हाथ में न लें, जो सामर्थ्य से बाहर हो और न ही कोई ऐसा साधारण कार्य करें, जो प्रतिष्ठा को धूमिल कर दे। जो भी और जैसी भी हमारी

शक्तियां हों, उनका अपव्यय न होने दें और सदैव जागरुक रहें – फिर कोई कारण नहीं कि हम जीवन में सफल न हों।'

हस्ताक्षर विश्लेषण हमारी ताकत और कमज़ोरियों को पहचानने में पूर्ण रूप से सहायक है। कुशाग्रता, बात-बात पर झुंझलाना, हड़बड़ी में निर्णय लेना, एकाग्रता का अभाव तथा दृढ़ता, लगन, तत्परता, कार्यप्रवीणता इत्यादि सभी शुभाशुभ प्रवृत्तियों का ज्ञान हम हस्ताक्षर के माध्यम से कर सकते हैं और अपनी बाधक प्रवृत्तियों पर लगाम लगाकर, उन्हें अपने अनुकूल बनाते हुए जीवन में सफल हो सकते हैं।

गम्भीर एवं स्थिर प्रकृति के स्वभाव वाले व्यक्ति को अपनी अभिव्यक्ति पर पूर्ण नियंत्रण होता है। उसकी लेखनी भी पूर्णतः नियंत्रित होती है। उसके हस्ताक्षर विशृंखलित नहीं, अपितु सभी अक्षर समानुपातिक होते हैं और उसके एक अक्षर से दूसरे अक्षर के बीच की चौड़ाई सभी अक्षरों में समान होती है।

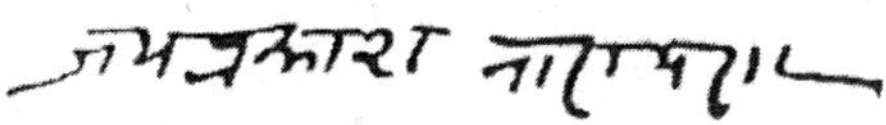

श्री जयप्रकाश नारायण के हस्ताक्षर

ऊपर सर्वोदय नेता श्री जयप्रकाश नारायण के हस्ताक्षर पाठकों के सम्मुख हैं। सभी अक्षर परस्पर समान दूरी पर और समान गति से आगे बढ़ते हुए-से प्रतीत हो रहे हैं। अक्षरों में स्थिरता है, उच्छृंखलता नहीं; गम्भीरता है, छिछोरापन नहीं। सभी अक्षर आत्मशक्तिसम्पन्न प्रतीत हो रहे हैं, कहीं भी किसी प्रकार की विशृंखलता, छिन्नता या असम्बद्धता दिखाई नहीं देती। इन हस्ताक्षरों को देखते ही कहा जा सकता है कि यह व्यक्ति दृढ़ आत्मशक्तिसम्पन्न, विवेकपूर्ण निर्णय लेने में सक्षम तथा अपनी धुन का धनी है। ऐसा व्यक्ति न व्यर्थ बात करता है और न ही अपने कहे गये शब्दों से पीछे हटता है। किसी प्रकार की ज़िम्मेदारी लेने से भी ऐसा

व्यक्ति हिचकिचाता नहीं है, अपितु जो भी ज़िम्मेदारी लेता है, उसे अन्त तक निभाने का प्रयत्न करता है।

संस्थाओं द्वारा सही व्यक्ति का चुनाव

आज प्रत्येक व्यक्ति परिश्रमी एवं उद्यमरत है। वह समाज में अपनी श्रेष्ठतम स्थिति बनाने को उत्सुक है, परन्तु कभी-कभी ऐसा देखा जाता है कि अनुपयुक्त दिशा में चलने के कारण वह उतना सफल नहीं हो पाता, जितना उसे होना चाहिए। उदाहरण के लिए, यह आवश्यक नहीं कि पुत्र पिता के व्यवसाय को ही अपनाये, परन्तु अकसर देखा जाता है कि एक व्यवसायी पिता अपने पुत्र को व्यवसाय के लिए विवश करता है जबकि उसकी रुचि डॉक्टर बनने में है। एक विद्यार्थी का रुझान वकील बनने की ओर है और वह एक सफल एडवोकेट बन सकता था, परन्तु पिता की ज़िद उसे एक मामूली-सा इंजीनियर बना देती है।

कई कम्पनियां, प्रतिष्ठान एवं व्यवसाय इसलिए नष्ट हुए क्योंकि उनमें काम करने वाले अपने काम के प्रति सर्वथा उदासीन थे। एक युवक जो सफल शिक्षाशास्त्री हो सकता है, किसी विश्वविद्यालय में श्रेष्ठ प्रोफेसर हो सकता था, पिता की तिकड़म से वह किसी प्रतिष्ठान में इंचार्ज बन जाता है, पर वह प्रसन्नचित्त नहीं रहता क्योंकि मशीनी विषय में उसकी रुचि नहीं है। ऐसी परिस्थितियों में वह नौकरी को लाचारी समझ कर ही करेगा और उसकी उदासीनता जहां उसके उन्नति में बाधा बनी रहेगी, वहीं उस प्रतिष्ठान के हितों के लिए हानिकारक ही होगी। इसीलिए कहा जाता है कि सफल व्यापार के लिए केवल पूंजी की नहीं, अपितु सही व्यक्तियों के चुनाव की भी आवश्यकता होती है।

ऐसी परिस्थितियों को रोकने के लिए प्रार्थियों का मनोविश्लेषण करना आवश्यक है और इसके लिए निम्नलिखित विधियां अपनायी जाती हैं।

1. चयन से पहले प्रार्थी के अभी तक के जीवन की जाँच की जाती है, परन्तु इसके लिए पर्याप्त समय, एक बड़ी धनराशि और श्रमशक्ति आवश्यक है।

2. प्रार्थी की बुद्धि का आकलन किया जाता है – परन्तु यह केवल व्यक्तित्व का एक ही पहलू है, पूरे व्यक्तित्व का आकलन करना इसमें भी सम्भव नहीं।

अनेक प्रतिष्ठानों में महत्त्वपूर्ण पदों पर नियुक्ति करने वाले चयन मण्डल में मनोवैज्ञानिकों को भी सम्मिलित किया जाता है, परन्तु उम्मीदवार साक्षात्कार के समय सौम्यता की मूर्ति बन कर आता है। मनोवैज्ञानिक के समक्ष उसकी बाह्य वृत्तियां तो दिखाई दे जाती हैं, परन्तु उसकी आन्तरिक वृत्तियां एक उज्ज्वल परिधान के नीचे छिपी होती हैं। ऐसी स्थिति में उसके आन्तरिक रुझान एवं चरित्र आदि का मूल्यांकन कर पाना सम्भव नहीं होता।

चयन प्रक्रिया अधिक सार्थक बनाने के लिए चयनकर्ताओं का ध्यान हस्तलेख विज्ञान की ओर गया। उन्होंने व्यक्ति चयन की प्रक्रिया में इसका प्रयोग किया और यह जानकर आश्चर्य हुआ कि उनके प्रयोग उपयुक्त प्रत्याशी चुनने में शत-प्रतिशत सफल रहे। उचित प्रत्याशी के चयन में उन्हें हस्तलेख विश्लेषण से जो सम्मतियां प्राप्त हुईं, वे पूर्णतया उम्मीदवार के चरित्र से मेल खाती थीं। देखा जाये, तो व्यक्ति के हस्ताक्षर उसका एक्स-रे होते हैं, जिसके माध्यम से उसके अन्तर्बाह्य स्वरूप को भली- भांति परखा जा सकता है। इस परीक्षण से जो उम्मीदवार चुने गये, वे शारीरिक एवं मानसिक दृष्टि से सर्वथा उपयुक्त पाये गये।

आजकल अनेक उच्चस्तरीय प्रतिष्ठानों एवं महत्त्वपूर्ण राजकीय पदों पर नियुक्ति से पहले प्रत्याशी से हस्तलिखित प्रार्थना-पत्र मंगाया जाता है। उसके हस्तलेख का अध्ययन किया जाता है जिससे उसके चरित्र का सांगोपांग मूल्यांकन सम्भव हो जाता है।

पाश्चात्य देशों में नियुक्ति के लिए हस्तलेख-विशेषज्ञ प्रार्थी के हस्तलेख का सूक्ष्म अध्ययन करते हैं और उनकी राय को उचित सम्मान भी दिया जाता है।

व्यवसाय में साझेदारी

किसी भी व्यवसाय में साझेदारी का चलना असम्भव तो नहीं परन्तु कठिन अवश्य है। साझेदारी के लिए दो दोस्त अथवा दो भाई अर्थात दो व्यक्तियों की रुचि और मानसिक सोच का एक जैसा होना ज़रूरी है।

यदि व्यापार अथवा व्यवसाय में साझेदारी करने से पहले हस्ताक्षरों का मिलान कर लिया जाये और साझीदारों की प्रकृति, स्वभाव एवं चरित्र की जानकारी कर ली जाये, तो अवश्य ही भागीदारी दीर्घकाल तक चलेगी। भागीदारों की ईमानदारी, परिश्रमशीलता तथा उत्तरदायित्व को वहन करने की क्षमता का भली-भांति आकलन कर लेना ही लाभदायक है। इन सब बातों का ज्ञान हस्ताक्षर विज्ञान की सहायता से किया जा सकता है।

कैरियर का मार्गदर्शन

यदि कोई व्यक्ति अपनी नौकरी से अथवा अपने व्यवसाय से संतुष्ट नहीं है तो उसे अपनी रुचि और प्रतिभा को जानना चाहिए ताकि वह अपने कैरियर का सही चुनाव कर पाए। हस्तलेख विज्ञान या हस्ताक्षर विज्ञान से आप अपने वास्तविक व्यक्तित्व के बारे में जान सकते हैं। विशेषज्ञों का कहना है,

> 'आप जिस नौकरी या व्यवसाय में हैं और आप उससे पूरी तरह संतुष्ट नहीं है तो आप अपने जीवन के बहुमूल्य समय को नष्ट कर रहे हैं।'

अनुसन्धान और बहु-राष्ट्रीय सर्वेक्षणों से पता चलता है कि 80 प्रतिशत लोग अनिच्छित जगह पर नौकरी या व्यवसाय करते हैं जो उनकी

और संस्था की प्रगति में बाधक होता है। अपनी प्रतिभा और रुचि के अनुरूप कैरियर का चुनाव अनिवार्य है और हस्ताक्षर विज्ञान आपके जीवन का सही रास्ता दिखा सकता है।

इंश्योरेंस कम्पनी

विदेशों में तो आजकल इंश्योरेस कम्पनियाँ भी हस्ताक्षर विज्ञान का प्रयोग कर रही हैं क्योंकि इंश्योरेंस दस्तावेज़ों में भी जाली हस्ताक्षरों एवं अन्य प्रकार के हेरफेर होने लगे हैं। अतः इंश्योरेंस कम्पनियां हस्ताक्षर विशेषज्ञों द्वारा इंश्योरेस कराने वाले व्यक्ति के बारे में पूरी जानकारी ले लेते हैं उसी के बाद वह इंश्योरेस की जाती है।

साधारण जीवन

साधारण व्यक्तियों के जीवन में भी हस्ताक्षर विज्ञान बहुत महत्त्वपूर्ण स्थान रखता है।

ऐसे अनेक उदाहरण हैं जब हम किसी व्यक्ति की मिलनसारिता तथा सौजन्यतापूर्ण व्यवहार से उसे सरल हृदय एवं निष्कपट मान लेते हैं और उस पर विश्वास करने लगते हैं। परन्तु कुछ समय बाद जब उसका छलमय रूप प्रकट होता है और तब हमें पता चलता है कि जिसे हम ईमानदार समझ रहे थे, उसी ने हमारे साथ विश्वासघात किया।

मेरे पड़ोसी अपने घर का एक कमरा किराये पर देना चाहते थे। उन्होंने अपने आस-पास सभी को कह दिया। एक व्यक्ति किराये पर कमरा पूछता हुआ आया। उसकी वेशभूषा से वह उंचे घर का लग रहा था और उसका व्यवहार भी अच्छा था। उन्होंने जांच-परख किए बिना ही कमरा किराये पर दे दिया। दो महीने बाद मौके का फायदा उठाते हुए उसने पूरे घर का सामान साफ कर दिया। ऐसा इसलिए हुआ कि हमने केवल उसके बाह्य रूप को ही देखा, उसके अन्तर्मन को हम नहीं समझ सके और इसीलिए धोखा खा गये।

ऐसी स्थति में हस्ताक्षर विज्ञान हमारे लिए वरदान है। किसी भी व्यक्ति के हस्ताक्षरों से हम उसके अन्तर्मन में झांक सकते हैं, उसके सही स्वरूप को पहचान सकते हैं और जहां भयंकर धोखे से बच सकते हैं, वहीं सामाजिक दृष्टि से भी लाभ उठा सकते हैं।

इस प्रकार हम देखते हैं कि जीवन के प्रत्येक क्षेत्र में हस्ताक्षर विज्ञान की महत्ता बढ़ रही है। दिनों-दिन इसका प्रयोग बढ़ता जा रहा है। यह केवल कल्पना पर आधारित ज्ञान नहीं, अपितु एक नियोजित विषय है, जो ठोस धरातल पर स्थित है, परीक्षणों की कसौटी पर खरा उतरता है और आज अनेक प्रतिष्ठान इसकी सहायता से अपनी कार्यकुशलता को बढ़ाने में सफल हुए हैं। हस्ताक्षर विज्ञान की सहायता से सफल उम्मीदवारों का चयन होने लगा है, वैवाहिक सम्बंध पहले की अपेक्षा मधुर एवं दृढ़ बनने लगे हैं तथा कूटनीतिक एवं गुप्तचर क्षेत्र में अधिक श्रेष्ठ स्थिति आयी है। इसीलिए विश्व के अनेक सभ्य देशों में इस विज्ञान का अधिकाधिक प्रयोग होने लगा है और इसकी अनिवार्यता जीवन के प्रत्येक क्षेत्र में मूल्यवान् सिद्ध होने लगी है।

हस्ताक्षरः अपरिवर्तनीय व्यक्तिगत मौलिकता

हस्ताक्षर अपने भीतर इतना विराट रहस्य छिपाये हुए होते हैं कि इन्हें 'वामन में विराट' की संज्ञा दी जा सकती है। मात्र हस्ताक्षरों से ही किसी भी व्यक्ति के पूरे जीवन का सत्य स्पष्ट किया जा सकता है, उसके चरित्र, गुण व दोष आदि की सही जानकारी प्राप्त की जा सकती है और उसके असली स्वरूप का परिचय प्राप्त किया जा सकता है।

प्रसिद्ध पाश्चात्य हस्तरेखा विशेषज्ञ ई. टॉमसन ने कहा है कि यदि मुझे पूरे संसार में किन्हीं दो व्यक्तियों की हस्तरेखाएं एक समान दिखला दे, तो मैं उसे अपनी सारी सम्पत्ति दे दूंगा। जिस प्रकार दो व्यक्तियों की हस्तरेखाएं एक समान नहीं हो सकतीं, उसी प्रकार दो व्यक्तियों के हस्ताक्षर या उनकी लिखावट भी एक-जैसी होना असम्भव है। प्रत्येक व्यक्ति की लिखावट अलग है, उसके लिखने का तरीक़ा अलग है, लिखने की पद्धति अलग है। जैसा मैं लिखता हूं या लिख सकता हूं, वैसा केवल मैं ही लिख सकता हूं, दूसरा कोई नहीं लिख सकता। ठीक इसी प्रकार जैसा आप लिखते हैं, अन्य किसी द्वारा वैसा ही लिख पाना सम्भव ही नहीं है।

लिखावट की इसी मौलिकता ने हस्ताक्षर विज्ञान को जन्म दिया है। जो भी हमसे परिचित है या जिसकी लिखावट हम एक बार देख

चुके हैं, दूसरी बार दृष्टि में आने पर हम तुरन्त पहचान लेते हैं कि यह तो अमुक व्यक्ति की लिखावट है। जिस प्रकार किसी की आकृति देखकर हम उसे पहचान लेते हैं, ठीक उसी प्रकार सैकड़ों पत्रों में से बिना पढ़े ही हम पत्नी, पुत्र, पति अथवा किसी मित्र आदि के पत्र को मात्र उसकी लिखावट देखते ही पहचान लेते हैं। थोड़ा पास आने पर उसकी मुखाकृति देखकर उसे पहचान सकते हैं। बीच में अवरोध होने पर हम उसकी आवाज़ सुनकर ही जान लेते हैं कि कौन बोल रहा है। फिर भी यह सब अस्थायी ही है। व्यक्ति जान-बूझकर अपनी चाल बदल सकता है। वेशभूषा में परिवर्तन कर अपने आपको बदलने में सक्षम हो सकता है। समय के साथ उसके स्वर में भी परिवर्तन हो जाता है, मुखाकृति में भी इतना अन्तर आ जाता है कि पहचानना लगभग असम्भव हो जाता है, परन्तु वह चाहे कितना भी प्रयत्न कर ले, उसकी लिखावट में अन्तर नहीं आ सकता। सरसरी तौर पर देखने में भले ही कुछ अन्तर दिखाई न दे, परन्तु लिखावट के मूल बिन्दुओं को बदल लेना किसी के भी वश की बात नहीं है।

उदाहरणार्थ, सन् 1962 की एक घटना आपको बताता हूं। किन्हीं उच्च प्रशासकीय सज्जन का एकमात्र पुत्र 1951 में घर से ग़ायब हो गया था। उन्होंने उसे ढूंढ़ने में कोई कोर-कसर न उठा रखी। घर में सम्पन्नता थी, अतः पैसा पानी की तरह बहाया, पर पुत्र का कोई अता-पता नहीं मिल रहा था। सन् 1960-61 आते-आते वह एक प्रकार से निर्धन हो गये। उनका पैसा पुत्र को ढूंढने में पहले ही व्यय हो चुका था, शरीर भी जर्जर हो गया। इन दस-ग्यारह वर्षों में भारत का शायद ही कोई कोना होगा, जहां उन्होंने अपने पुत्र को न ढूंढ़ा हो। कोई कहता कि मद्रास में उसने ऐसे किसी युवक को देखा था, तो वह वहां जाते, कोई कहता कि उसने श्रीनगर में ऐसा कोई व्यक्ति देखा था, तो वह वहां भी

जाते। पुत्र-प्रेम ने उन्हें दीवाना कर दिया था। वह उसे प्राप्त करने के लिए अपना सब कुछ लुटा बैठे, परन्तु पुत्र नहीं मिल रहा था।

सन् 1961 के उत्तरार्ध में मेरा उनसे परिचय हुआ, जो तीन-चार महीनों में ही घनिष्ठता में बदल गया। एक दिन वह मेरे पास आये और भग्नहृदय सोफ़े पर पड़ गये। पूछने पर बोले – पण्डितजी! मैं तो घर तब ही जाऊंगा, जब आप बालक के विषय में मुझे कुछ बतलायेंगे। मुझे अपनी चिन्ता नहीं है, पर उसकी मां रो-रोकर अपनी जान दे देगी।

उनकी उस आर्द्र वाणी का मुझ पर कुछ ऐसा प्रभाव पड़ा कि मैं उठा, स्नान किया और उसी समय अतीन्द्रिय-साधना में जा बैठा। साधना के मध्य मैंने किसी पतले-दुबले युवक को किसी आश्रम के पास ध्यानावस्थित अवस्था में एक वृक्ष के नीचे बैठे देखा। उसका सिर घुटा हुआ था और वह भगवा वस्त्र पहने हुए था। मैंने अपनी आंखें खोल दीं और उनसे पूछा – क्या आपके पुत्र का स्वरूप ऐसा है? क्या उसकी मुखाकृति ऐसी है? और जब मैंने साधना के मध्य दिखाई देने वाली आकृति का वर्णन किया, तो उनका चेहरा खिल गया। वह बोले – कहां है वह? मैंने उत्तर दिया – स्थान बताना तो इस समय सम्भव नहीं है, पर आपका पुत्र जीवित है और साधुवेश में है। दूसरे या तीसरे दिन वह बोले – पण्डितजी! आपने जिस आकृति वाले युवक का वर्णन किया था, मेरा पुत्र ठीक वैसा ही है और जिस स्थान के बारे में आपने बताया था, वह आश्रम गंगा किनारे लक्ष्मणझूला से आगे पांच-छह मील पर स्थित है। मैं वहां गया था। उस आश्रम में एक साधु और एक ब्रह्मचारी रहता भी है, पर वह मेरे सदाशिवसिंह से हू-ब-हू मिलता हुआ भी सदाशिव नहीं है। मैं उससे मिला हूं, मैंने उससे बातें भी की हैं, पर उसने इनकार कर दिया। मेरे पुत्र के माथे पर एक लम्बा-सा निशान था, जो उसके माथे पर नहीं है। सब कुछ मिलते हुए भी वह सदाशिव नहीं है।

मैंने उनसे कहा – क्या आपके पास सदाशिव के हाथ का लिखा कोई पत्र आदि है? वह बोले पत्र तो नहीं है, हां, एक कापी अवश्य है, जिस पर उसने अनेक स्थानों पर राम-राम शब्द लिखे हुए हैं। राम-राम लिखने का शौक़ उसे बचपन से ही था। उनके नीचे उसने अपने हस्ताक्षर भी किये हैं।

दूसरे दिन जब वह उस कापी को लाये, तो मैंने उसकी लिखावट और उसके हस्ताक्षरों को ध्यानपूर्वक देखा और उनसे कहा कि मुझे किसी काम से दिल्ली जाना है, आप भी मेरे साथ चलें, वहां से आगे हरिद्वार भी चलेंगे।

वह तो तैयार ही थे। दिल्ली में अपना काम निबटाकर हम हरिद्वार पहुंच गये और अगले ही दिन उस स्थान पर भी जा पहुंचे, जिसे मैंने ध्यानावस्था में देखा था। उस स्थान पर पहुंचते ही मुझे ऐसा लगा, मानो मैं इस स्थान पर पहले भी आ चुका हूं। अतीन्द्रिय साधना में जो स्थान दृष्टिगोचर हुआ था, यह स्थान हू-ब-हू वैसा ही था। मैं उस ब्रह्मचारी से भी मिला, पर उसने स्पष्ट मना कर दिया कि मैं इनका पुत्र नहीं हूं।यह व्यर्थ ही यहां का चक्कर लगा रहे हैं। उसने उनका पुत्र न होने के सम्बन्ध में ऐसी युक्तियां दीं कि एक बार तो मुझे भी लगा कि मैं व्यर्थ ही उसे परेशान कर रहा हूं। यह इनका पुत्र नहीं हो सकता। फिर भी मेरे पास अन्तिम उपाय शेष था, मैंने उनसे कहा – "स्वामी! आप तो ब्रह्मचारी हैं, आप एक पन्ने पर राम-राम ही लिख दें, हम उस पन्ने को देखकर ही सन्तुष्ट हो जायेंगे।"

कलम देने पर उसने हंसते-हंसते सात-आठ बार राम-राम लिख दिया, लेकिन नाम लिखने की कहने पर वह मुकर गया। मेरा काम हो चुका था। शब्दों व अक्षरों की बनावट देखकर ही मैं भांप गया था कि रूप, रंग, आकृति तथा स्वर में इसने भले ही परिवर्तन कर लिया हो, लिखावट में परिवर्तन कर सकना इसके वश की बात नहीं। उसकी

लिखावट स्पष्ट रूप से पुकार-पुकार कर कह रही थी कि वह सदाशिव ही है।

अपने मन में निश्चय करके मैंने उसका हाथ पकड़ लिया और साम-दान-दण्ड व भेद से समझाने पर उसने सारा राज़ उगल दिया। उसने वह क्रिया भी बताई, जिससे उसने अपने माथे का चिन्ह मिटा दिया था।

कहने का तात्पर्य यह है कि प्रयत्न करने पर व्यक्ति अपना रूप-रंग स्वर, आकृति एवं अपने स्वभाव को तो बदल सकता है, परन्तु अपनी लिखावट एवं हस्ताक्षरों को नहीं बदल सकता, और यदि उन्हें बदलने का प्रयास करे, तो वह पकड़ा जाता है।

इस प्रकार कहा जाये, तो हस्ताक्षर व्यक्ति का आचरण होता है, उसके अन्तःकरण का प्रतिबिम्ब होता है, श्वेत काग़ज़ पर अंकित उसका व्यक्तित्व होता है, जो चिरस्थायी होता है, अमिट होता है और व्यक्ति के अन्तर्बाह्य का सजीव रूप होता है।

मेरे पास हस्ताक्षरों का एक विशाल संग्रह है, जिसमें अनेक व्यक्तियों के हस्ताक्षर सुरक्षित हैं। उन सबकी सूक्ष्मतापूर्वक जांच करने पर मैं इस निष्कर्ष पर पहुंचा हूं कि कोई भी दो लिखावटें या हस्ताक्षर एक समान नहीं होते। वे सभी हस्ताक्षर एक-दूसरे से अलग हैं और अपने हस्ताक्षरकर्ता का समूचा इतिहास समेटे बैठे हैं।

इंग्लैण्ड के विख्यात हस्तलेख-विशेषज्ञ मिस्टर हैन्स जैकोबी ने अपनी पुस्तक में लिखा है:

> 'हस्तलेख-विज्ञान इस सिद्धान्त पर आधारित है कि प्रत्येक लिखावट में अपनी मौलिक विलक्षणता रहती है। लेखन सामग्री यथा पतला या मोटा निब, चिकना या खुरदरा काग़ज़ या विभिन्न प्रकार की स्याहियां हस्ताक्षरकर्ता की लिखावट

पर कोई प्रभाव नहीं डाल सकतीं। हस्ताक्षरों की मौलिक विविधता का मूल कारण व्यक्ति का अपना व्यक्तित्व और उस व्यक्तित्व का अनूठापन होता है।'

गत वर्षों में मेरे पास जो पत्र आये, उन पर मेरा नाम और पता अंकित था। मैंने अपने सहयोगी को उस एक माह में आये सभी पत्रों में से तीन सौ पत्र छांटने को कहा और उन सभी पर लिखे मेरे नाम के पहले अक्षर 'ना' का विश्लेषण करने का आदेश दिया। ये पत्र देश के विभिन्न प्रदेशों से विभिन्न प्रकार के व्यक्तियों द्वारा लिखे गये थे। उन सभी लेखकों की रुचि, स्तर एवं प्रकृति एक-दूसरे से सर्वथा भिन्न थी तथा उन सबने मेरा नाम व पता बिना किसी दबाव के लिखा था। अतः इन सभी पत्रों के अक्षर व्यक्ति की स्वाभाविकता लिये हुए थे।

यह परीक्षण अत्यन्त रोचक एवं अनुपम रहा। इन तीन सौ पत्रों के सभी 'ना' अक्षर की बनावट में अन्तर था और कोई भी 'ना' एक-दूसरे से नहीं मिलता था। उन सबका विश्लेषण करने पर जो तथ्य सामने आये, उनमें जो मौलिक भेद अथवा अन्तर थे, वह इस प्रकार हैं–

1. अक्षरों की लम्बाई,
2. अक्षरों की चौड़ाई,
3. लेखनी द्वारा डाला गया दबाव,
4. लिखावट का झुकाव,
5. लेखनी की दृढ़ता,
6. लेखनी का हल्का स्पर्श,
7. कुछ अक्षरों का ऊपर से मोटा होना तथा नीचे आते-आते पतला होना,
8. कुछ अक्षरों का ऊपर से पतला होना तथा नीचे आते-आते मोटा होना,

9. कुछ अक्षरों का सम दबाव से प्रभावित होना,
10. कुछ अक्षरों का थरथराते हुए होना,
11. कुछ अक्षरों का कोमल होना,
12. कुछ अक्षरों का भाले की भांति नुकीला होना,
13. कुछ अक्षरों का मोती की भांति सुडौल होना,
14. कुछ अक्षरों का बेडौल होना,
15. कुछ अक्षरों पर शिरोरखा का न होना,
16. कुछ अक्षरों पर शिरोरेखा का उछलती हुई होना,
17. कुछ अक्षरों पर शिरारेखा का सीधा व सपाट हांना,
18. कुछ अक्षरों का असपष्ट होना,
19. कुछ अक्षरों के पूर्वार्ध का मोटा होना तथा उत्तरार्ध का पतला होना,
20. कुछ अक्षरों के पूवार्ध की अपेक्षा उत्तरार्ध का मोटा होना,
21. कुछ अक्षरों का बाईं ओर अस्पष्ट होकर पुनः स्पष्ट होना,
22. कुछ अक्षरों का बाईं ओर स्पष्ट होने पर भी दाईं और अस्पष्ट होना,
23. कुछ अक्षरों के प्रारम्भ या अन्त में व्यर्थ चिन्ह बना होना,
24. कुछ अक्षरों का आगे की ओर झुका हुआ होना,
25. कुछ अक्षरों का पीछे की ओर झुका हुआ होना,
26. कुछ अक्षरों की मात्राओं का नोकदार होना,
27. कुछ अक्षरों का अत्यन्त महीन होना,
28. कुछ अक्षरों का बहुत मोटा होना,
29. कुछ अक्षरों का बीच में से टूटा हुआ होना,
30. कुछ अक्षरों का टूटे हुए होने पर भी जोड़ दिया-सा जाना,
31. कुछ अक्षरों का गोल एवं रहस्यमय होना,

ऊपर मैंने एक ही अक्षर में कुछ अन्तर स्पष्ट करने का प्रयास किया है, जबकि उन तीन सौ अक्षरों में तीन सौ अन्तर थे, जो अपनी-अपनी व्यक्तिगत मौलिकता लिये हुए थे। इस परीक्षण से यह भली-भांति स्पष्ट हो गया कि सभी अक्षरों में मौलिक अन्तर होता है और सभी की अपनी-अपनी विशेषताएं होती हैं। लिखावट का यही अन्तर व्यक्ति के व्यक्तित्व का प्रमुख अन्तर होता है।

हस्ताक्षर विश्लेषण

किसी व्यक्ति के हस्ताक्षर उसके सम्पूर्ण व्यक्तित्व के परिचायक होते हैं। व्यक्ति के अलग-अलग आयु में भिन्न-भिन्न रूप होते हैं अर्थात् मानव बचपन से बुढ़ापे तक बदलता रहता है, इसी तरह हस्ताक्षर भी ऐसे होते हैं जो बदलते रहते हैं परन्तु उनकी मौलिक बनावट में बदलाव नहीं आता।

इस अध्याय में हमारे देश के प्रसिद्ध राजनीतिज्ञ, लेखक, फिल्म अभिनेता आदि के हस्ताक्षर दिए गए हैं और साथ ही उन हस्ताक्षरों का विश्लेषण भी दिया गया है ताकि पाठक आसानी से हस्ताक्षर अनुसार विश्लेषण करना सीख सकें।

हस्ताक्षरों के विश्लेषण का अभ्यास करने से पूर्व पाठकों को चाहिए कि वे हस्ताक्षरों के निम्नलिखित मूल तत्त्वों पर अवश्य ध्यान दें:

1. अक्षर,
2. अक्षरों का पारस्परिक सम्बंध,
3. एक अक्षर और दूसरे अक्षर के बीच की दूरी,
4. हस्ताक्षरों का आरम्भ,
5. हस्ताक्षरों की समाप्ति,

6. लिखने का कोरा स्थान,
7. शिरोरेखा,
8. लेखनी के चलने का प्रकार,
9. स्याही की मात्रा,
10. रेखाएं,
11. बिन्दु,
12. अग्रगामी रेखाएं,
13. पश्चगामी रेखाएं,
14. अधोगामी रेखाएं,
15. शिरोरेखा शून्यता,
16. लहरदार शिरोरेखा,
17. सीधी रेखाएं,
18. गोलाकार रेखाएं,
19. छोटे चिन्ह,
20. व्यर्थ की रेखाएं,
21. व्यर्थ के बिन्दु,
22. अक्षरों पर दबाव,
23. विसर्ग,
24. विराम,
25. प्रसार,
26. अवरोध,
27. हस्ताक्षरों की गति,
28. महीन अक्षर,
29. अस्पष्ट अक्षर,
30. मोटे एवं स्पष्ट अक्षर।

उपर्युक्त तीस मूल बिन्दु दिये गए हैं, जिन्हें ध्यान में रखना आवश्यक है। हस्ताक्षर का विश्लेषण करते समय आप इन तीस मूल बिन्दुओं का ध्यान रखकर ही सफलता प्राप्त कर सकते हैं।

हस्ताक्षरों का विश्लेषणात्मक अध्ययन: नीचे कुछ प्रसिद्ध व्यक्तियों के हस्ताक्षर और उनका विश्लेषण दिया जा रहा है। इन हस्ताक्षरों का विश्लेषण देखकर पाठक जान पाएंगे कि हस्ताक्षर से व्यक्तित्व की पहचान किस तरह की जाए। उदाहरणत:

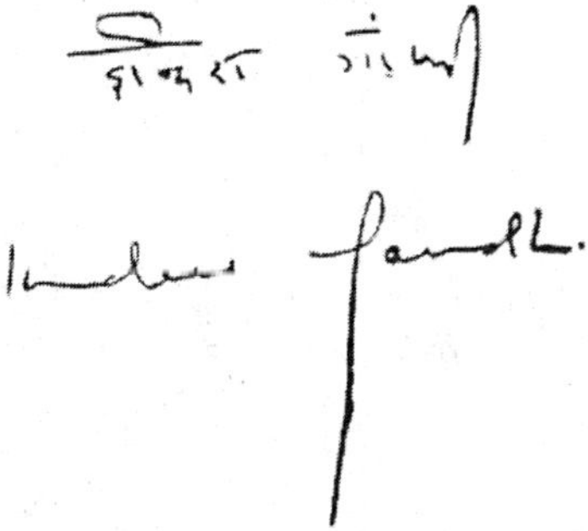

श्रीमती इन्दिरा गांधी के हस्ताक्षर

ऊपर अंग्रेज़ी और हिन्दी में इन्दिरा गांधी के हस्ताक्षर दिये गये हैं। इन्दिरा गांधी हमारे देश की प्रधानमंत्री थीं।

यदि आप श्रीमती इन्दिरा गांधी के अंग्रेज़ी के हस्ताक्षरों पर ध्यान दें, तो आप देखेंगे कि छोटे आकार के स्थिर व सुडौल अक्षर उनके आन्तरिक व्यक्तित्व के परिचायक हैं। अन्तर एकदम स्पष्ट है। वास्तविकता को समझना और तदनुरूप कार्य करना ही इनकी विशेषता कही जा सकती है।

प्रत्येक अक्षर अपने-आप में स्वतन्त्र है और इनकी निर्णायक शक्ति का परिचायक है। प्रत्येक बात पर खूब सोच-विचार करना और

उसे समझने की जिज्ञासा बनाये रखना ही इनकी मूल प्रवृत्ति है। प्रदर्शनप्रियता का इस हस्ताक्षर में सर्वथा अभाव है।

सीधे खड़े हुए, समानुपातिक ढंग से आगे बढ़ते हुए अक्षर इस बात के द्योतक हैं कि हस्ताक्षरकर्ता में साहस, जोश एवं कार्य करने की क्षमता है। किसी भी काम को सोच-विचार कर करना और स्वतन्त्र निर्णय लेने की क्षमता इनकी विशेषता है। एक बार जो निर्णय ले लिया, उस पर पूरी तरह जमकर अमल करना इस हस्ताक्षरकर्ता की विशेषता है।

ऐसे हस्ताक्षरकर्ता सदा साफ़ बात करना पसन्द करते हैं। हो सकता है कि इससे सामने वाले को कुछ अटपटा भी लगे, पर इससे इनको कोई फर्क नहीं पड़ता। हमेशा स्पष्ट और बेलाग बात कहना ही इनकी विशेषता कही जा सकती है।

हिन्दी के हस्ताक्षर भी उसी बात को दोहरा रहे हैं, जिसे अंग्रेज़ी के हस्ताक्षर कह रहे हैं। प्रत्येक अक्षर स्पष्ट और सुवाच्य है, शिरोरेखा सरल और स्पष्ट है, हस्ताक्षरों में कहीं भी कोई प्रदर्शनप्रियता नहीं है। इसके साथ ही यह बात भी देखने की है कि सभी अक्षर आगे बढ़ते-से दिखाई दे रहे हैं और यह इनके नेतृत्व का स्पष्ट संकेत है। ज़िम्मेदारी का पूरी तरह से निर्वाह करना और नेतृत्व का गुण इस हस्ताक्षरकर्ता की प्रमुख विशेषता कही जा सकती है।

अंग्रेज़ी का 'जी' तथा हिन्दी का 'धी' अक्षर अन्य अक्षरों की अपेक्षा कुछ बड़े हैं तथा अपना स्वतन्त्र अस्तित्व बनाने का प्रयत्न कर रहे हैं। यह इस बात का संकेत है कि ऐसे व्यक्ति कभी-कभी स्वतन्त्र अस्तित्व में विश्वास करने लगते हैं। यदि सीधी अंगुली से घी निकलता न दिखाई दे, तो ऐसे व्यक्ति बल-प्रयोग करने से भी नहीं चूकते। इस स्वतन्त्र अक्षर का अस्तित्व हठवादिता को भी दिखाता है।

सिद्धान्तों पर अटल रहना, स्वावलम्बन, निष्पक्षता, नेतृत्व करने की भावना, ज़िम्मेदारी, सहनशीलता, हठ, यथार्थता, शक्ति, उत्साह

एवं नवीन क्रान्तिकारी विचारों पर अग्रसर होते रहना इस हस्ताक्षरकर्ता की विशेषता है और इस प्रकार के हस्ताक्षर करने वाले व्यक्ति में ये गुण कूट-कूट कर भरे होने चाहिए, इसमें कोई सन्देह नहीं है।

श्री लाल बहादुर के हस्ताक्षर

श्री लाल बहादुर शास्त्री हमारे देश के द्वितीय प्रधानमंत्री थे। छोटे, गोल और सुडौल सुन्दर अक्षर श्रीलालबहादुर शास्त्री के हस्ताक्षर की विशेषता है। गोल अक्षर मूलतः अन्तर्मुखी वृत्ति के परिचायक होते हैं। गोल, गांठें लगाते-से अक्षर अन्तर के परिचायक हैं। पाठक देख रहे होंगे कि हस्ताक्षरों का प्रथम अक्षर गोल और गांठ लगाता रा तथा जटिल है। स्पष्ट है कि ऐसा व्यक्ति बिल्कुल प्रदर्शनप्रिय नहीं होगा, अपितु बड़ी-से-बड़ी विपत्ति को सुलझाने में सक्षम होगा।

ऐसे व्यक्ति गोपनीय-से होते हैं। जो बात नहीं कहनी है, उसे ऐसे व्यक्ति हरगिज़ अपने मुंह से नहीं निकालेंगे तथा जो बात जिस प्रकार कहनी है, उसे उसी रूप में कहेंगे। व्यर्थ विवाद इन्हें प्रिय नहीं होता।

हस्ताक्षर के आरम्भ की गांठ व्यक्ति के मन की गहराइयों को भी स्पष्ट करती है। ऐसे व्यक्ति के हृदय की थाह पा लेना सम्भव नहीं होता। कोई भी रहस्य तब तक रहस्य ही बना रहेगा, जब तक ये चाहें। यही इनके चरित्र एवं व्यक्तित्व की विशेषता होती है।

इनके हस्ताक्षर में जहां यह विशेषता है, वहीं हस्ताक्षर का अन्तिम अक्षर अपनी अलग विशेषता रखने में समर्थ है। पाठक ध्यान से देखें, अन्तिम अक्षर थोड़ा आगे को बढ़ा हुआ-सा प्रतीत होता है, जो इस तथ्य का संकेत देता है कि यह व्यक्ति जीवन-भर सक्रिय रहेगा और

अपनी प्रगति को मन्द नहीं होने देगा। निरन्तर आगे ही आगे बढ़ते जाना ऐसे व्यक्ति का स्वभाव कहा जा सकता है।

हस्ताक्षर में सभी अक्षर समान आकार के और शान्त हैं। न छोटे-बड़े हैं और न ऊपर-नीचे ही हैं। ऐसे व्यक्ति जीवन-भर सहिष्णु बने रहते हैं, दु:खों का पहाड़ टूट पड़ने पर भी विचलित नहीं होते और न अत्यधिक प्रसन्नता का समाचार सुनकर उत्तेजित ही होते हैं। जीवन-भर समरस बने रहना इनके व्यक्तित्व की विशेषता ही कहा जायेगा।

ऐसे व्यक्ति शान्त, सरल, सदैव मस्तिष्क पर नियन्त्रण रखने वाले, जिज्ञासु, स्नेही, उदार प्रकृति, परिश्रम करने वाले, निष्पक्ष एवं सहिष्णु होते हैं। परिस्थितियों के अनुकूल अपने को ढाल लेने में भी ऐसे व्यक्ति सिद्धहस्त होते हैं। वास्तव में, ऐसे ही व्यक्तियों में ज़मीन पर रहकर भी आसमान को छू लेने की क्षमता होती है और अवसर आने पर वे ऐसा करके भी दिखा देते हैं।

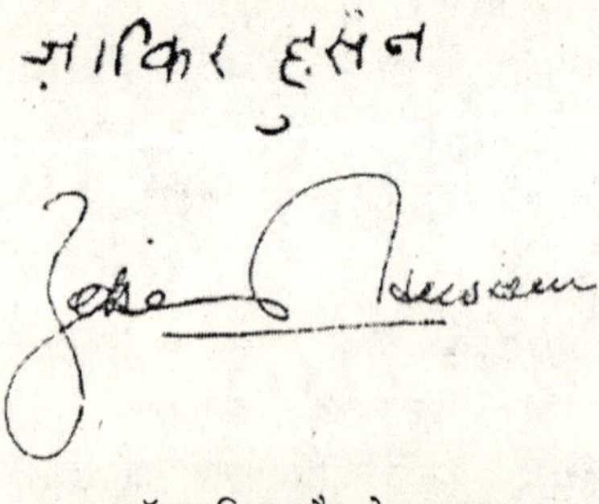

डॉ. ज़ाकिर हुसैन के हस्ताक्षर

डॉ. ज़ाकिर हुसैन भारत के राष्ट्रपति (1967) थे। उनके हस्ताक्षर भी उनके अनुरूप ही गरिमापूर्ण एवं विशाल व्यक्तित्वसम्पन्न हैं। उनके अंग्रेज़ी हस्ताक्षरों को देखें, तो 'ज़ैड' अक्षर के बाद अन्य सभी अक्षर

गोल, गांठदार एवं अस्पष्ट-से हैं, जो उनकी अन्तर्मुखी प्रवृत्ति को उजागर करते हैं। श्रीलालबहादुर शास्त्रीजी के हस्ताक्षर का पहला अक्षर तथा डॉक्टर ज़ाकिर हुसैन के हस्ताक्षर के पहले अक्षर के बाद, सभी अक्षर एक समान गांठदार एवं अन्तर्मुखी प्रवृत्ति-प्रधान हैं।

पाठक देखेंगे कि पहले अक्षर के बाद अन्य अक्षर समानुपातिक नहीं हैं, अपितु छोटे-बड़े हैं। यह इस तथ्य का द्योतक है कि हस्ताक्षरकर्ता एक विचारक, ऊंच-नीच को भली-भांति समझने वाला, खूब सोच-समझकर बोलने वाला तथा सूक्ष्म दृष्टिसम्पन्न है तथा उसकी दृष्टि आलोचनात्मक एवं पैनी है। नीतियुक्त आचरण उसका स्वभाव है तथा निरन्तर ज्ञान की खोज में निरत रहना उसका व्यसन है।

हस्ताक्षर में 'ज़ैड' तथा 'एच' अक्षर पर्याप्त बड़े हैं तथा लम्बा-चौड़ा परिवेश घेरे हुए हैं। यह उनके अन्तर की विशालता का परिचायक है। विशाल हृदयता, उन्मुक्त एवं स्वच्छन्द विचार तथा क्रियाशीलता उनकी विशेषता है। दोनों अक्षर बड़े होने पर भी दूसरे अक्षरों से अपना सम्बंध नहीं छोड़ते, अतः उन पर लगाया गया यह आक्षेप कि वह एक निष्क्रिय दार्शनिक हैं, उनके लिए एक चुनौती है। ये दोनों ही अक्षर स्पष्ट कर रहे हैं कि सांसारिकता से अलग रहते हुए भी यह गृहस्थ से ठीक जलवत् कमल की भांति जुड़े हुए हैं। पूरे हस्ताक्षर समान गति से आगे चलते जा रहे हैं। इनमें न कहीं कोई रुकावट है और न ही कोई अवरोध, न निष्क्रियता तथा न अलगाव की प्रवृत्ति। ऐसा व्यक्ति निष्क्रिय रह ही नहीं सकता। सक्रिय, सचेष्ट एवं सतर्क; ऐसा व्यक्ति सदा आगे बढ़ने के लिए प्रस्तुत रहता है।

हस्ताक्षर के नीचे खिंची हुई एक निर्णायक रेखा है, जो सीधी, सरल एवं सपाट है। यह रेखा व्यक्ति के अग्रसर होते रहने की सूचक है और यह भी संकेत कर रही है कि व्यक्ति के सम्मुख उसकी मंज़िल स्पष्ट है और निरन्तर उसकी ओर बढ़ते रहना ही व्यक्ति का लक्ष्य है।

हिन्दी में भी उनके हस्ताक्षर उपर्युक्त कथन की पुष्टि ही कर रहे हैं। हस्ताक्षरों का प्रत्येक अक्षर स्वतन्त्र, सरल, सुवाच्य और पूर्णत: स्पष्ट है, जो उनकी स्वतन्त्रता, सरलता एवं स्पष्टता को प्रदर्शित कर रहा है। इसके साथ ही अक्षरों पर शिरोरेखा का न होना भी उनके स्वतन्त्र व्यक्तित्व का परिचायक है।

ऐसे व्यक्ति किसी के दबाव में नहीं आते तथा स्वतन्त्र और उन्मुक्त जीवन व्यतीत करना ही उनका ध्येय होता है। ऐसे व्यक्ति रूढ़िवादिता से भी ग्रस्त नहीं होते, अपितु सहिष्णु होने के साथ ही उनका जीवन किसी खुली पुस्तक की भांति होता है, जिसमें किसी प्रकार का कोई दुराव–छिपाव नहीं होता। ऐसे ही व्यक्ति किसी राष्ट्र का सही नेतृत्व कर सकते हैं।

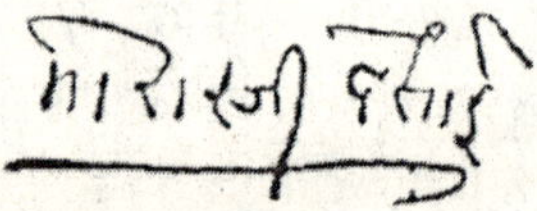

श्री मोरारजी देसाई के हस्ताक्षर

ऊंचे एवं श्रेष्ठ सिद्धान्तों से युक्त तथा सिद्धान्तों के प्रति पूर्ण निष्ठा रखने वाले मोरारजी देसाई का व्यक्तित्व भी सदा ऊंचा, आदर्श एवं दृढ़ रहा। स्वभाव से कुछ अक्खड़ होने पर भी उनका व्यक्तित्व सबके सामने उजागर है। उन्होंने अपने जीवन में जो भी सिद्धान्त स्थापित किये, वे आजीवन उन पर दृढ़ रहे, भले ही उन पर कितनी भी कठिनाइयां आयीं।

उनके हस्ताक्षर उनके व्यक्तित्व को उजागर करते हैं। प्रत्येक अक्षर ऊपर को उठता–सा प्रतीत हो रहा है, जो स्पष्ट करता है कि ऐसे व्यक्ति आदर्शवादी होते हैं तथा अपने आदर्श की ऊंचाइयों को छूना चाहते हैं। निरन्तर ऊंचे उठते रहना ही इनकी विशेषता होती है।

सभी अक्षर सुवाच्य, सरल तथा स्पष्ट हैं। न इनमें कहीं कोई गांठ है और न कोई अवरोध ही दिखाई देता है। दुराव-छिपाव भी कहीं नज़र नहीं आता। निश्चय ही ऐसे हस्ताक्षरकर्ता बाह्य जीवन में जितने स्पष्ट होते हैं, आन्तरिक जीवन में भी वे उतने ही स्पष्ट होते हैं। उनके अन्तर्बाह्य में कोई भेद नहीं होता।

अक्षरों पर लेखनी का दबाव स्पष्ट दृष्टिगोचर हो रहा है, जो उनके प्रबल व्यक्तित्व को प्रकट कर रहा है। ऐसा व्यक्ति टूट तो सकता है, झुक नहीं सकता। अपने आदर्शों के लिए ऐसे व्यक्ति कठिन दुखों को भी झेल सकते हैं परन्तु सरल, निष्पक्ष, आदर्शवादी एवं क्षमतावान् होते हैं।

लिखावट का सीधापन उनकी निर्णायक शक्ति का परिचायक है। स्वतन्त्र, निष्पक्ष एवं शीघ्र निर्णय लेना ऐसे व्यक्ति की विशेषता होती है। सौन्दर्य के प्रति आकर्षण तथा सबल एवं स्वस्थ व्यक्तित्व, प्रेरणाप्रद जीवन एवं भावुकता इनके जीवन के गुण कहे जा सकते हैं।

हस्ताक्षर पर कोई शिरोरेखा नहीं है, सभी अक्षर स्वतन्त्र हैं। स्पष्टतः ऐसा व्यक्ति किसी के दबाव में न तो रह सकता है और न परतन्त्र रहकर कोई कार्य ही कर सकता है। स्वतन्त्र चिन्तन, उन्मुक्त जीवन, स्वच्छन्द वृत्ति के धनी ऐसे व्यक्ति निरन्तर आगे और ऊंचे बढ़ते रहने के आकांक्षी होते हैं।

हस्ताक्षर के नीचे खींची गयी सरल रेखा उनकी सरलता एवं दृढ़ता को स्पष्ट करती है, साथ ही इस तथ्य का संकेत भी करती है कि यह व्यक्ति सादगीपूर्ण ढंग से आगे बढ़ना चाहता है।

अधोरेखा का अन्त में पीछे की ओर मुड़ा हुआ होना व्यक्ति की निराशा और असफलता का द्योतक है। तीव्र गति से आगे बढ़ने पर भी, इन्हें परिस्थितियों की मार से पीछे हटने को विवश होना पड़ता है।

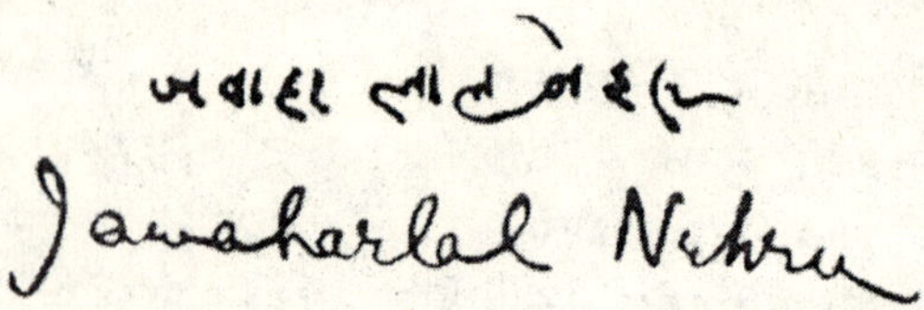

श्री जवाहरलाल नेहरू के हस्ताक्षर

स्वतन्त्र भारत के प्रथम प्रधानमन्त्री श्री जवाहरलाल नेहरू के हिन्दी व अंग्रेज़ी दोनों भाषओं में किये गये हस्ताक्षर पाठकों के सम्मुख प्रस्तुत हैं। यदि अंग्रेज़ी हस्ताक्षर का विश्लेषण करें, तो पाठक देखेंगे कि पहला अक्षर पूर्णतः अपनी स्वतन्त्र सत्ता बनाये हुए है। उसका किसी भी अक्षर से कोई सम्बंध नहीं है। इसी प्रकार 'एन' अक्षर भी पूर्णतः स्वतन्त्र है। पहला अक्षर 'जे' आगे कदम रखता-सा प्रतीत हो रहा है। यह निश्चय ही इस बात का द्योतक है कि हस्ताक्षरकर्ता पीछे मुड़कर देखता ही नहीं, निरन्तर आगे की ओर बढ़ते जाना ही उसकी प्रवृत्ति है।

स्वतन्त्र अक्षर, स्वतन्त्र चिन्तन और मुक्त विचारों के भी साक्षी हैं। इसके बाद के सभी अक्षर थोड़ा बाईं ओर को झुके हुए हैं,जो उसके मस्तिष्क पर हृदय की विजय तथा बुद्धि पर भावुकता की विजय को स्पष्ट करते हैं। ऐसा व्यक्ति भावुक होता है, उसके चारों ओर स्वप्न बिखरे रहते हैं और वह उन स्वप्नों में ही जीता है।

सब अक्षर समानुपातिक भी नहीं हैं, जो उनके भीतर का परिचायक है। ऐसे व्यक्ति का जीवन समान नहीं होता। वे प्रायः तुनकमिज़ाज भी होते हैं और प्रायः 'क्षणे तुष्टा, क्षणे रुष्टा' बने रहते हैं। ऐसे व्यक्तियों के विचारों में भी निरन्तर परिवर्तन होता रहता है, परन्तु फिर भी ऐसे व्यक्ति सहृदय होते हैं। इनके मन में किसी प्रकार का कोई अवरोध नहीं होता, लेखनी का सहज प्रवाह व्यक्ति को क्रियाशील बनाये रखता है।

अक्षरों की व्यापक बनावट के कारण ऐसे व्यक्ति का व्यक्तित्व और उसका चिन्तन भी महान् होता है। वह 'स्व' की परिधि से निकलकर 'पर' के लिए चिन्तन करता है। समाज का दर्द उसका अपना दर्द बन जाता है।

हिन्दी हस्ताक्षर इसी धारणा की पुष्टि करते लगते हैं। शिरोरेखा का न होना भी व्यक्ति के स्वतन्त्र और दबावमुक्त जीवन का परिचायक है। अन्तिम अक्षर (हिन्दी व अंग्रेज़ी दोनों ही भाषाओं में) का आगे की ओर बढ़ता हुआ होना व्यक्ति की प्रगतिशीलता का चिन्ह है। ऐसे व्यक्ति निश्चित ही सहिष्णु, सरल, भावुक तथा उत्तरदायित्वपूर्ण होते हैं।

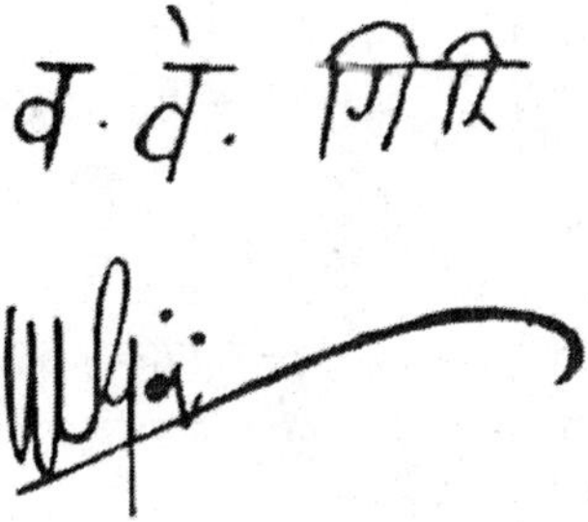

श्री वी वी गिरि के हस्ताक्षर

व. वे. गिरि हमारे देश के राष्ट्रपति थे। उपर्युक्त हस्ताक्षरों की सबसे बड़ी विशेषता है – उनका स्पष्ट होना। हस्ताक्षरों में कहीं भी कोई लुकाव-छिपाव नहीं है, जिसका अर्थ है कि हस्ताक्षरकर्ता स्पष्ट, खरा व उचित व्यक्तित्व का मालिक है।

हस्ताक्षर देखने पर स्पष्ट होता है कि लेखनी पर दबाव है, जिससे प्रत्येक अक्षर उभर आया है। ऐसा अवश्य ही भावुकता पर बुद्धि का दबाव है। यहां पर भावुकता और बुद्धि का ऐसा सुन्दर सामंजस्य है कि

ऐसा व्यक्ति आदर्श कहलाने का अधिकारी है। प्रत्येक अक्षर अग्रगामी है, जो उसके निरन्तर क्रियाशील होने का परिचायक है।

ऐसे हस्ताक्षर व्यक्ति की जीवन-शक्ति को भी प्रदर्शित करते हैं और इस तथ्य को भी स्पष्ट करते हैं कि व्यक्ति ने अपने जीवन का मूलमन्त्र 'कर्मण्येवाधिकारस्ते' को ही बना रखा है।

सभी अक्षर चौड़ाई की अपेक्षा अधिक लम्बे हैं और ऊपर की ओर उठते हुए-से प्रतीत हो रहे हैं। अवश्य ही यह व्यक्ति की प्रगतिशीलता का संकेत है। संकीर्णता एवं रूढ़िवाद का इस व्यक्ति के जीवन में कम-से-कम स्थान होना चाहिए।

पाठक थोड़ा-सा ध्यान दें, तो देखेंगे कि प्रथम अक्षर के बाद आगे के अक्षर ऊपर उठते चले गये हैं और यह लक्षण तर्क, विवेचना, समशीतोष्ण स्वभाव तथा जीवन में आने वाली सभी व्याधियों पर ध्यान देने की भावना, लगन, परिश्रम एवं एकाग्रचित्तता को भी स्पष्ट करता है।

अधोरेखा पर भी ध्यान देना बहुत आवश्ययक है। स्पष्ट तथा मोटी अधोरेखा दृढ़ता तथा आत्मविश्वास की परिचायक है। यद्यपि ऐसी रेखा उग्रता का संकेत करती है, तथापि निर्भयता और स्वच्छन्द निर्णय शक्ति को भी दर्शाती है।

अधोरेखा का आगे जाकर पीछे की ओर मुड़ जाना निराशा का संकेत करता है। इस रेखा से यह भी ज्ञात होता है कि परिस्थितियों से जूझने पर भी व्यक्ति कई बार सफलता प्राप्त नहीं कर पाता, जिसके परिणामस्वरूप उसकी प्रगति में अवरोध आ जाता है और उसके मन में निराशा घर कर लेती है।

दृढ़ता,आत्मनियन्त्रण एवं विस्तृत परिवेश में कार्य करने की क्षमता, उच्चता, नेतृत्व, निराश एवं क्रियाशील रहना ऐसे हस्ताक्षरकर्ता की विशेषता कही जा सकती है।

श्री सी राजगोपालाचार्य के हस्ताक्षर

चक्रवर्ती श्री सी राजगोपालाचार्य भारतीय राजनीति के अत्यन्त विद्वान् व्यक्ति थे। स्वतन्त्र पार्टी के संस्थापक श्री सी राजगोपालाचार्य को जहां राजनीति का चाणक्य कहा जाता था, वहीं उन्हें कृष्ण भी कहा जाता था। उन्होंने भारतीय राजनीति को सबल एवं उचित मार्गदर्शन प्रदान किया था।

उनके हस्ताक्षर उनके सम्पूर्ण जीवन का प्रतिबिम्ब हैं। सम्पूर्ण लिखावट क्रमयुक्त और प्रगतिशील है। नाम के प्रथम अक्षर 'सी' के आगे किसी बिन्दु का न होना व्यक्ति की प्रगतिशीलता का चिन्ह है। ऐसे व्यक्ति किसी भी प्रकार की बाधा अथवा अवरोध को कुचल कर दूर फेंक देते हैं।

उनकी लिखावट सतर्कता और दृढ़ इच्छाशक्ति का संकेत दे रही है। लेखनी पर सब जगह एक-सा दबाव है और यह सम दबाव ही सिद्ध करता है कि व्यक्ति की इच्छाशक्ति ही उसकी प्रगति का कारण है। एक बार जो भी ठान लिया, उसे किसी भी मूल्य पर निभाना ही उनकी विशेषता है।

अक्षर सम नहीं हैं, अपितु ऊपर-नीचे छितरे हुए हैं। यही नहीं, अक्षर समानुपातिक भी नहीं हैं, बल्कि कुछ छोटे-बड़े हैं। यह व्यक्ति की गोपनीयता, रहस्य, बुद्धिचातुर्य एवं सतर्कता को व्यक्त करता है। ऐसा व्यक्ति अगले ही क्षण क्या कर बैठेगा, इसे उसके मित्र भी नहीं जान सकते। इनके चेहरे पर हर समय एक क्षणिक, पर रहस्यमयी मुस्कान बनी रहती है, जिसके कारण इनके मन की थाह पाना सम्भव नहीं होता। यह अपने समूचे व्यक्तित्व पर चारों ओर से रहस्य का आवरण लपेटे रहते हैं।

हस्ताक्षर का अन्तिम अक्षर सुवाच्य होने के साथ ही आगे की ओर उड़ता हुआ-सा दिखाई देता है। हस्ताक्षर में अन्त तक स्पष्टता बनाये रखना यह सिद्ध करता है कि व्यक्ति की दृष्टि कार्य के अन्तिम क्षण पर भी है। उसकी दृष्टि में जितना महत्त्व प्रारम्भ का होता है, उतना ही अन्त का भी होता है। ऐसा व्यक्ति कहीं ग़फ़लत नहीं करता तथा अन्त तक कार्य में सन्नद्ध रहता है। कार्य-सम्पन्नता के प्रयास में अन्त तक जुटे रहना तथा सदैव क्रियाशील बने रहना इनका स्वभाव होता है। हस्ताक्षर का अन्तिम अक्षर पूर्णतः प्रगतिशीलता को दर्शा रहा है।

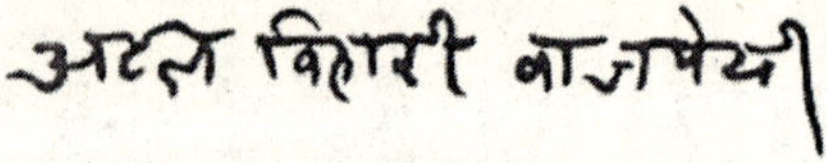

श्री अटल बिहारी वाजपेयी के हस्ताक्षर

भारत के प्रमुख और विशिष्ठ राजनेता श्री अटलबिहारी वाजपेयी का व्यक्तित्व भी विश्वविख्यात है। उनके हस्ताक्षर में सबसे पहले हमारा ध्यान उनके बड़े-बड़े अक्षरों पर जाता है। ये दीर्घाकार एवं उज्जवल हस्ताक्षर उनकी जीवन-शक्ति के परिचायक हैं। अत्यधिक स्फूर्ति, निरन्तर क्रियाशीलता, व्यापक एवं विशाल परिवेश में काम करने की आकांक्षा एवं पूर्ण उत्तरदायित्व से गतिशील बने रहना उनकी विशेषता कही जा सकती है।

श्री अटल बिहारी वाजपेयी जी के हस्ताक्षर के सभी अक्षर शिरोरेखा से आबद्ध हैं, जिसके परिणामस्वरूप व्यक्ति स्वयं ही नियमों से आबद्ध रहता है। ऐसा व्यक्ति कभी उच्छ्रंखल नहीं हो सकता और सदा नियमानुकूल कार्य करने में ही विश्वास करता है। आत्मविश्वास, निर्भीकता, प्रबल जीवन-शक्ति इस हस्ताक्षर की प्रमुख विशेषताएं हैं।

इनके अक्षरों की गति भी सराहनीय है। निरन्तर स्फूर्तिमय गतिशीलता ही इनका परिचय है, जो शक्ति की द्योतक है। सभी अक्षर

अपने स्थान पर दृढ़तापूर्वक स्थित हैं। ऐसा व्यक्ति अपने आदर्शों पर सदा दृढ़तापूर्वक स्थिर बना रहता है। वह न तो प्रशंसा पाकर फूल जाता है और न दुःख से व्यथित होता है। हर हाल में सम बने रहना ही ऐसे व्यक्तियों का स्वभाव होता है।

अक्षरों का झुकाव दोनों ओर है। ऐसे व्यक्ति केवल कल्पना और आदर्शों में ही जीवित नहीं रहते, अपितु इनके जीवन में आदर्श और यथार्थ का बड़ा अद्‌भुत समन्वय देखने को मिलता है। ऐसे व्यक्ति जहां आगे की ओर बढ़ते हैं, वहां पीछे किये गये कामों पर भी दृष्टि डालते रहते हैं तथा इनके जीवन में भूत और भविष्य का भी तालमेल रहता है। सभी अक्षर समानुपातिक दूरी पर हैं। यह जहां उनकी भावनाओं को स्पष्ट करता है, वहां उनके बोधकुशल संगठन, नेतृत्व क्षमता, प्रखर बुद्धि, ओजस्वी एवं मौलिक विचारों तथा सही सन्तुलन को भी स्पष्ट करता है। पूरी लिखावट आरम्भ से लेकर अन्त तक सुसंस्कृत है।

इस प्रकार के व्यक्ति विभिन्न परिस्थितियों को तुरन्त भांप लेते हैं और निर्णय लेने की इनमें अद्‌भुत क्षमता होती है। इनके विचारों में दृढ़ता, मौलिकता और ओजस्विता होती है। ये प्रत्येक बात को विश्वासपूर्वक व्यक्त करते हैं।

हस्ताक्षर का अन्तिम अक्षर अग्रगामी है तथा उसकी मात्रा अन्य अक्षरों से कुछ लम्बी तथा आगे की ओर खिंची हुई है, यह उनकी प्रगतिशीलता का चिन्ह है। ऐसे हस्ताक्षरकर्ता शुद्ध, सात्त्विक, सफल नेतृत्वशील, निष्पक्ष एवं सक्रिय होते हैं।

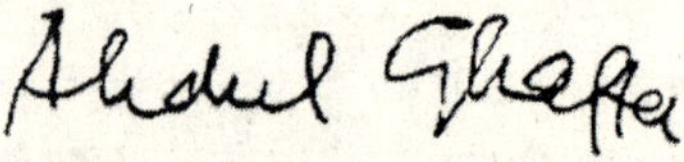

ख़ान अब्दुल गफ्फार ख़ां के हस्ताक्षर

स्वतन्त्रता सेनानी तथा महात्मा गांधी के कन्धे से कन्धा मिलाकर काम करने वाले ख़ान अब्दुल ग़फ़्फ़ार ख़ां का नाम कौन नहीं जानता? वह मन, वचन और कर्म से सही अर्थों में गांधी जी का प्रतिरूप थे। ख़ान अब्दुल ग़फ़्फ़ार ख़ां के हस्ताक्षर भी सरल एवं स्पष्ट हैं। एक-एक अक्षर साफ़ पढ़ा जा सकता है। कहीं भी किसी प्रकार का आडम्बर दिखाई नहीं देता। सम्पूर्ण हस्ताक्षर में एक सादगी है, एक विशिष्ट रचनात्मकता है, आत्मीयता का प्रवाह है, कहीं आत्माभिमान नहीं, कोई गर्व नहीं।

सभी अक्षर एक-दूसरे सें मिले हुए हैं, ऐसा व्यक्ति सभी को साथ लेकर चलने में विश्वास रखता है। 'स्व' की अपेक्षा 'पर' की चिन्ता में ही इनका समय जाता है। जो कुछ इनका है, वह इनका न होकर सब का हो जाता है।

हस्ताक्षर का प्रथम अक्षर नेतृत्व का बोध करता-सा प्रतीत हो रहा है, मानो वह सभी का भार सहन करता हुआ अग्रसर हो रहा हो। इनका नेतृत्व रचनात्मक होता है, सहयोग की भावना से ओत-प्रोत होता है और ऐसा व्यक्ति सर्वव्यापी, प्रभावशाली एवं पूर्ण दृढ़ता का परिचायक होता है।

हस्ताक्षर में कहीं कोई अवरोध नहीं है। ऐसा प्रतीत हो रहा है कि सब कुछ इनके सामने स्पष्ट है, अन्तर्बाह्य में कोई भेद नहीं है। न किहीं कोई गोपनीयता है और न प्रदर्शन की भावना है। सीधे एवं सरल हस्ताक्षर इनके जीवन की सरलता को ही प्रतिबिम्बित कर रहे हैं। अन्त में अक्षर कुछ छोटे हो गये हैं और कुछ संकुचित भी। यह इस

बात को स्पष्ट करते हैं कि जब भी इनके सम्मुख इनकी प्रशंसा की जाती है, तो ये संकोच अनुभव करने लगते हैं।

अक्षरों पर लेखनी का दबाव सर्वत्र एक समान जीवन की समरसता, स्फूर्ति, कर्मण्यता, नैतिकता एवं मानवीयता को स्पष्ट करता है। सम्पूर्ण लिखावट में एक समान चिन्तन है और एक जैसी भावना व्यक्त होती है।

ऐसा व्यक्ति विकट कठिनाइयों में भी विचलित होने वाला नहीं होता, उसकी आन्तरिक जीवन-शक्ति उसकी पथ-प्रदर्शिका होती है। उसमें त्याग करने की भावना होती है, तो स्वच्छन्दतापूर्वक अपने विचार व्यक्त करने की क्षमता भी होती है। ऐसे हस्ताक्षर सफल नेतृत्व के परिचायक होते हैं।

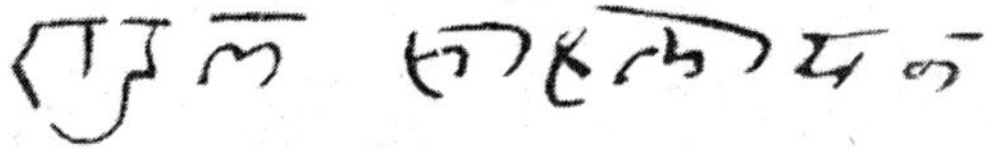

श्री राहुल सांस्कृत्यायन के हस्ताक्षर

राहुल सांस्कृत्यायन भारतीय साहित्याकाश के ऐसे देदीप्यमान नक्षत्र हैं, जो सदा-सदा ज्योतित रहेंगे। उनके हस्ताक्षर भी अपने-आप में अनुपम हैं। सभी अक्षर समान दूरी पर, स्पष्ट, सरल तथा सुवाच्य हैं।

हस्ताक्षर को देखने से प्रतीत होता है कि सभी अक्षर आगे की ओर भागे-से जा रहे हैं। ऐसा व्यक्ति अपने मन में जो ठान लेता है, उसे करके ही दम लेता है तथा एक क्षण के लिए भी निष्क्रिय नहीं बैठ सकता, सदा कुछ-न-कुछ चिन्तन करता ही रहता है।

हस्ताक्षर को देखने से लगता है कि लिखावट शीघ्र ही कुछ प्राप्त करने के लिए आतुर है। ऐसे व्यक्तियों का लक्ष्य स्पष्ट होता है। वे एक बार अपने मन में जो ठान लेते हैं, उसे पूरा करने के बाद ही दम लेते हैं।

अक्षरों पर टूटी हुई-सी शिरोरेखा, जहां व्यक्ति की स्वच्छन्द व स्वतन्त्र मनोवृत्ति की परिचायक है, वहीं इस तथ्य को भी उजागर करती है कि व्यक्ति नैतिक नियमों से आबद्ध है। ऐसे व्यक्तियों की धारणा भी निश्चित होती है और वे अपने सिद्धान्तों पर भी दृढ़ रहते हैं।

गम्भीरता, चुपचाप बिना किसी प्रदर्शन के काम करते रहने की भावना, शान्त प्रकृति, भारी-से-भारी ख़तरा उठाने की भावना, दृढ़ता, धुन का धनी होना एवं सफल नेतृत्व करना ऐसे व्यक्तियों की विशेषता होती है। जीवन में चाहे जितने भी ज्वार-भाटे आयें, ऐसे व्यक्तियों में उनमें से निकल जाने की योग्यता होती है।

डॉ. नगेन्द्र के हस्ताक्षर

डॉ. नगेन्द्र हिन्दी साहित्य के एक प्रखर आलोचक हैं। उनकी सूक्ष्म दृष्टि, विषय का अध्ययन, सहज गम्भीरता, मौलिकता एवं क्रियात्मकता उनके व्यक्तित्व की विशेषताएं हैं।

डॉक्टर नगेन्द्र के हस्ताक्षर भी उनके व्यक्तित्व के अनुरूप ही हैं। छोटे-से व सूक्ष्म हस्ताक्षर इस बात का प्रमाण हैं कि ऐसा व्यक्ति बहुत कम बोलता है, परन्तु वह जो कुछ भी बोलता है, नाप-तोलकर और सोच-समझकर ही बोलता है। जहां जितनी बात कहनी है, वह उतनी ही कहेगा। कम-से-कम बात में अधिक-से-अधिक विचार प्रकट कर देना उनका स्वभाव है।

सूक्ष्म हस्ताक्षर, सूक्ष्म दृष्टि एवं पैनी पर्यवेक्षण शक्ति के भी परिचायक हैं। ऐसे व्यक्ति का चिन्तन अत्यन्त परिपक्व होता है। उसमें

पूर्ण तल्लीनता एवं समग्रता होती है तथा उसकी निर्णय शक्ति भी ग़ज़ब की होती है।

शिरोरेखा का अभाव उनकी स्वतन्त्र निर्णायक शक्ति का परिचायक है। ऐसे व्यक्ति की भावुकता पर बुद्धि का कठोर नियन्त्रण रहता है, जिसके कारण ऐसा व्यक्ति स्वच्छन्द एवं स्वतन्त्र विचारों का स्वामी होता है।

अक्षरों का संकुचन व्यक्ति की अन्तर्मुखी प्रवृत्ति को स्पष्ट करता है। ऐसा व्यक्ति प्रदर्शनप्रिय नहीं होता, अपितु काम करके दिखाने में विश्वास करता है।

हस्ताक्षर की अन्तिम रेखा लहरदार होकर नीचे की ओर उतरती चली गयी है, जो आत्मप्रदर्शन की सूचक है। इस रेखा से यह भी निष्कर्ष निकलता है कि इस व्यक्ति के मन के किसी कोने में जो भावना छिपी हुई है, वह किसी-न-किसी माध्यम से उजागर होने का प्रयत्न करती रहती है। इनका विचारचिन्तन प्रौढ़ है, हस्ताक्षर संयत हैं, भावनाएं दृढ़, स्पष्ट एवं नीतिसंगत हैं।

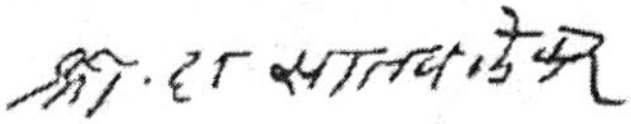

श्री दामोदर सातवलेकर के हस्ताक्षर

उपरोक्त हस्ताक्षर वेदमूर्ति श्री दामोदर सातवलेकर के हैं, जो अनुपम हैं। पूरी लिखावट में सात्विकता, गम्भीरता एवं सरलता के दर्शन होते हैं। न कहीं प्रदर्शनप्रियता है, न दुराव-छिपाव है। ठीक इसी प्रकार का उनका जीवन भी था, जिसमें गोपनीयता, कपट और झिझक के लिए कोई स्थान नहीं था। उनका पूरा जीवन शान्त समुद्र की भांति था और वैसा ही भव्य उनका व्यक्तित्व भी था – विराट् एवं अनुकरणीय।

प्रत्येक अक्षर पर न्यूनाधिक रूप से स्वतन्त्र शिरोरेखा है और यह शिरोरेखा ही इस तथ्य की सूचक है कि इस व्यक्ति का व्यक्तित्व उच्छृंखलता पूर्ण नहीं है। उस पर नैतिक नियमों का बन्धन है और वह स्वतन्त्र विचारों का समर्थक होने पर भी नैतिकता को नहीं छोड़ता। उसके जीवन में दोष, स्वच्छन्दता तथा बन्धन का कोई स्थान नहीं है।

बहुमुखी प्रतिभा के धनी ऐसे व्यक्ति जीवन को सादगीपूर्ण जीते हैं। इनके जीवन में छल, कपट, धोखा, अनैतिकता, प्रदर्शन एवं पाखण्ड का कोई स्थान नहीं है। जैसे सीधे, सरल व सादगीपूर्ण इनके हस्ताक्षर हैं, वैसा ही सरल एवं सादगीपूर्ण इनका जीवन भी होता है।

हस्ताक्षर का अन्तिम अक्षर प्रगतिशीलता का साक्षी है। वह रूढ़िवादिता से ग्रस्त नहीं है, अपितु उनके विचार व कार्य बहुजनहिताय होते हैं। ऐसे व्यक्ति एक साथ कई कामों को सफलतापूर्वक करने में समर्थ होते हैं।

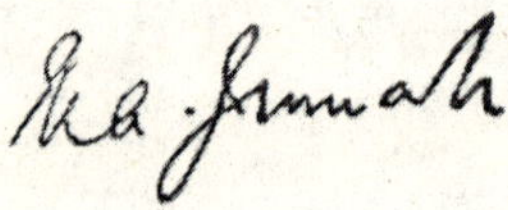

मुहम्मद अली जिन्ना के हस्ताक्षर

मुहम्मद अली जिन्ना साहब के हस्ताक्षर पाठकों के लिए विशेष हैं। इनकी पूरी लिखावट स्पष्ट, सरल एवं क्रमयुक्त है। ऐसी लिखावट से यह पता चलता है कि व्यक्ति व्यवस्थित, विद्वान्, सोच-समझकर कार्य करने वाला तथा प्रतिभाशाली है। इसके हृदय पर बुद्धि का आधिपत्य है और इसकी तार्किक क्षमता भी बहुत बढ़ी-चढ़ी है। ऐसी लिखावट व्यक्ति को मौलिक एवं प्रखर भी बनाती है।

इस हस्ताक्षर का प्रथम अक्षर दृष्टव्य है। 'एम' अक्षर सीधा न होकर जहां से आरम्भ हुआ है, वहां एक गांठ-सी लगा गया है। यह

गांठ या गोलाकर चिन्ह ही व्यक्ति को रहस्यमय बनाता है। ऐसा व्यक्ति गम्भीर हाने पर भी अपने चेहरे पर एक मुस्कान बनाये रखता है। वह अगले ही क्षण क्या क़दम उठा लेगा, इसका पता किसी को नहीं लगता। यही गोलाकार गांठ व्यक्ति के आत्माभिमान को भी सूचित करता है।

इसके साथ ही पाठक देखेंगे कि हस्ताक्षर का अन्तिम अक्षर भी सुवाच्य, स्पष्ट, अन्य अक्षरों की अपेक्षा कुछ बड़ा है। यह इस बात को सिद्ध करता है कि व्यक्ति अन्त तक अपने काम में लगा रहता है। ऐसा व्यक्ति दूसरों पर कम ही भरोसा करता है। ऐसा व्यक्ति स्वयं को अधिक बुद्धिमान् एवं औरों से अलग-थलग मानता है। अन्त में बड़ा अक्षर व्यक्ति के आत्मप्रदर्शन की भावना को भी प्रदर्शित करता है।

इसके अतिरिक्त सभी अक्षर एक-दूसरे से परस्पर आबद्ध हैं। पास-पास बने ये अक्षर व्यक्ति का शंकालु, रहस्यमय, गोपनीय एवं चतुर होना भी प्रदर्शित करते हैं। ऐसा व्यक्ति अपने लक्ष्य को पहचानता है तथा लक्ष्यपूर्ति में आने वाली बाधाओं की परवाह किये बिना ही आगे बढ़ते रहने में विश्वास रखता है।

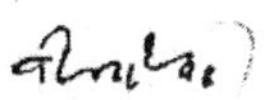

श्री विनोबा भावे के हस्ताक्षर

गांधीजी के मूर्तिमन्त रूप आचार्य विनोबा भावे के हस्ताक्षर भी पाठकों के लिए दर्शनीय हैं। मात्र तीन अक्षर, हलके-से दबाव से अंकित ये हस्ताक्षर जितने सादगीपूर्ण और स्पष्ट हैं, सन्त विनोबा भावे अपने व्यक्तिगत जीवन में इतने ही सीधे, सरल एवं स्पष्ट रहे हैं।

आडम्बर तो उन्हें छू भी नहीं गया था, सात्विक जीवन ही उनका उद्देश्य रहा। छोटे-से हस्ताक्षर उनके अन्तर्मुखी होने का संकेत दे रहे हैं। हस्ताक्षरों का कम जगह घेरना यह स्पष्ट करता है कि ऐसा व्यक्ति

अपने जीवन में संयत रहता है और कम-से-कम चीज़ों में ही अपना निर्वाह करता है। ऐसे व्यक्ति बहुत कम बोलते हैं, पर जो भी कहते हैं, वह सटीक, स्पष्ट और आवश्यकतानुसार होता है।

अक्षरों पर शिरोरेखा का न होना इस बात का संकेत है कि ऐसा व्यक्ति किसी के नियन्त्रण में नहीं रह सकता और न कोई इनके विचारों पर हावी ही हो सकता है। ये अपने जीवन, व्यवहार और वाणी में सर्वथा मौलिक बने रहते हैं।

उत्साह, लगन, तत्परता, सर्वहित कामों में ही लगे रहना तथा सामाजिकता ऐसे व्यक्तियों की विशेषता होती है। देखा जाये, तो इनका जीवन सार्वजनिक होता है।

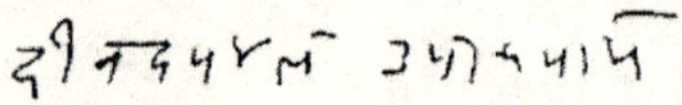

श्री दीनदयाल उपाध्याय के हस्ताक्षर

जनसंघ के भूतपूर्व अध्यक्ष श्री दीनदयाल उपाध्याय अपने आप में समग्र मानवता के पुंज थे। उनका सारा जीवन समाज-हित के लिए ही समर्पित था। वह अन्तिम समय तक देश-सेवा, समाज-सेवा तथा लोक-सेवा में ही लगे रहे।

उनके हस्ताक्षर भी उनके व्यक्तित्व की भांति ही सीधे-सादे, सरल एवं आडम्बर-विहीन और निश्छल हैं। सभी अक्षर समान अनुपात में और समान दूरी पर जड़े हुए-से हैं। अक्षर आगे की ओर कुछ झुके हुए-से हैं। निश्चय ही ऐसे व्यक्ति कभी अकर्मण्य नहीं हो सकते। कर्म ही इनका जीवन होता है और निरन्तर आगे की ओर बढ़ते रहना ही इनका स्वभाव होता है। चाहे कितनी भी बाधाएं आयें, ऐसे व्यक्ति तब तक नहीं रुकते, जब तक अपनी मंज़िल पर न पहुंच जायें।

अक्षरों के गतिशील होने के कारण शिरोरेखा स्वत: ही लगती चली जाती है। ऐसे व्यक्ति कठोर नैतिक नियमों में आबद्ध रहते हैं। नैतिकता स्वत: उनके कार्यों एवं जीवन में घुलती-सी लगती है, इसके लिए उन्हें कोई विशेष प्रयत्न नहीं करना पड़ता।

सभी समान अक्षर व्यक्ति के स्फूर्त, गम्भीर एवं व्यवस्थित चिन्तन एवं क्रियाशीलता को स्पष्ट करते हैं। ऐसे व्यक्ति कभी खाली बैठे दिखाई नहीं देंगे। इनके जीवन का ध्येय बहुत ऊंचा होता है और ये उसे प्राप्त करने के लिए सदैव सतर्क रहते हैं।

ऐसे व्यक्तियों का हृदय सदा ही गरीबों, अनाथों एवं दुखी व्यक्तियों के लिए धड़कता रहता है। वस्तुत: इनका सम्पूर्ण जीवन ही प्रेरणाप्रद एवं अनुकरणीय कहा जा सकता है।

श्री जगजीवन राम के हस्ताक्षर

श्री जगजीवन राम के हस्ताक्षर अपने आप में विलक्षण हैं। पूरे हस्ताक्षर में केवल एक बार कलम उठी है और वह भी स्पष्टता के लिए। निश्चय ही ऐसे व्यक्ति घोर परिश्रमी, जागरुक एवं स्वावलम्बी होते हैं। 'काम के समय केवल काम' ही इनका आदर्श वाक्य होता है।

प्रथम अक्षर स्पष्ट होने के बाद शेष अक्षर धीरे-धीरे अस्पष्ट होते चले गए हैं, जो व्यक्ति की रहस्यमय प्रवृत्ति के द्योतक हैं। इनके मन में क्या है तथा ये अगले ही क्षण क्या कर बैठेंगे, इसका पूर्वाभास कर पाना सम्भव नहीं।

सभी अक्षर शिरोरेखाविहीन हैं। ऐसा व्यक्ति स्वतन्त्र चेता, निष्पक्ष निर्णय लेने वाला तथा जीवन्त व्यक्तित्व सम्पन्न होना चाहिए। एक बार जो भी सोच लिया, उसे प्राणप्रण से पूरा करना ही इस हस्ताक्षरकर्ता की विशेषता कही जाएगी।

पाठक ध्यान से देखें तो पता चलेगा कि अक्षर कुछ उबड़-खाबड़ हैं, छोटे-बड़े भी हैं और एक सरल रेखा में न होकर ऊपर-नीचे हैं। यह इस बात का द्योतक है कि व्यक्ति रहस्यमय होने के साथ-साथ राजनीतिपटु, ऊँच-नीच को समझने वाला तथा अवसर देखकर काम निकालने वाला है। एक लक्ष्य, लगन, उत्साह तथा क्रियाशीलता भी इसकी विशेषता है।

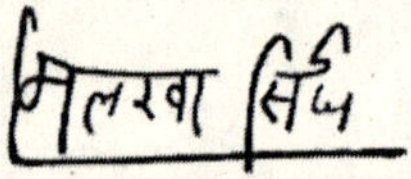

श्री मिलखा सिंह के हस्ताक्षर

आप स्वयं इनके हस्ताक्षर को समझने की चेष्टा करें, चौड़ाई की अपेक्षा लम्बाई लिए हुए हस्ताक्षर उसकी गतिशीलता को स्पष्ट करते हैं। शिरोरेखा इस बात की सूचक है कि वह नियमों में बँधा है। नैतिकता एवं नियमों का इस पर कठोर नियन्त्रण है।

मात्राएँ भागती हुई-सी साफ दृष्टिगोचर हो रही हैं, पूरी तरह जमने से पहले की मात्राएँ टूट गई हैं और यह व्यक्ति में उतावलेपन का संकेत है। जो भी किया जाय तुरन्त और एकदम कर दिया जाय, यही प्रकृति मात्राओं से स्पष्ट हो रही है।

नाम का पहला अक्षर सबसे बड़ा है और अग्रसर भी है। प्रदर्शन-प्रियता को जन्म देता है। ऐसे व्यक्ति चौंकाने वाले कार्यों में अधिक विश्वास करते हैं, नीचे की अधोरेखा सबल एवं सजग व्यक्तित्व की पुष्टि करती है।

अन्तिम अक्षर सबसे छोटा होने के साथ-साथ पूर्णतया अलग-अलग है वह किसी के नियन्त्रण में नहीं। साथ ही उसका झुकाव भी पश्चातगामी है। ऐसे व्यक्ति कठोर परिश्रमी, पर स्वतन्त्र एवं स्वच्छन्द जीवन बिताने के इच्छुक होने के साथ-साथ मानसिक कुण्ठाओं से भी

ग्रस्त रहते हैं। जरा-सा भी विपरीत हो जाने पर ये हिम्मत हार बैठते हैं तथा निराशा इन्हें चारों ओर से लील जाती है। कठोर परिश्रमी, आगे की ओर बढ़ते रहने के इच्छुक, ऐसे व्यक्ति जीवन में सफल होते देखे गए हैं।

सुश्री महादेवी वर्मा के हस्ताक्षर

सुश्री महादेवी वर्मा हिन्दी काव्य जगत् की सुप्रसिद्ध कवयित्री हैं। हिन्दी की इस मीरा के काव्य में जितना दर्द, जितनी तड़प एवं जितनी कसक है, वह अन्यत्र दुर्लभ है।

महादेवी अपने जीवन में पूर्णतः सादगीप्रिय रहीं। आडम्बर एवं प्रदर्शन-प्रियता में उन्हें बिल्कुल विश्वास नहीं रहा। उनके विचार स्वतन्त्र एवं स्वच्छन्द रहे। उन्होंने न कभी किसी का नियन्त्रण माना और न अपने विचारों पर किसी को हावी होने दिया।

उनके हस्ताक्षर पाठकों के लिए परम संग्रहणीय हैं। शिरोरेखाविहीन उनके हस्ताक्षर इस तथ्य की पुष्टि करते हैं कि उनके विचार निष्पक्ष, स्वतन्त्र एवं मुक्त हैं।

लेकिन उनके दो अक्षरों पर ध्यान देना भी बहुत आवश्यक है। जहां उनका 'ह' अक्षर बहुत नीचे तक चला गया है, वहीं 'वी' बहुत ऊंचा आकाश की सैर करता-सा प्रतीत हो रहा है। यह विस्तार उनकी कल्पनाशक्ति का पूर्णतया साक्षी है और इस बात को भी स्पष्ट कर

रहा है कि हस्ताक्षरकर्ता की बुद्धि पर भावना का आधिपत्य है तथा उनकी कल्पना ऊंची उड़ान भरने को आतुर है।

अक्षरों में कोई अस्पष्टता नहीं है। सीधे एवं सपाट अक्षर उनके सरल एवं सात्विक जीवन के साक्षी हैं।

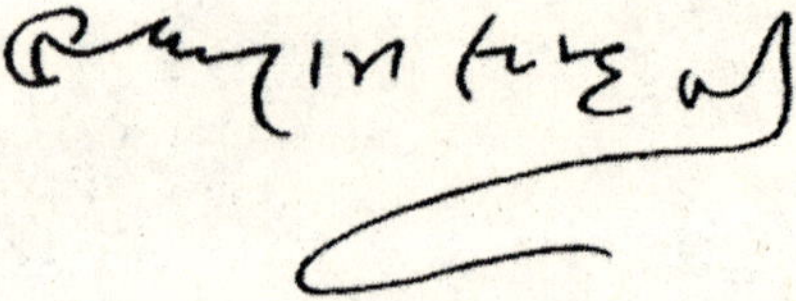

श्री बलराज साहनी के हस्ताक्षर

बलराज साहनी हिन्दी फ़िल्म–जगत के जाने–माने अभिनेता थे। उनके हस्ताक्षर के प्रारम्भ में पड़ी हुई गांठ जहां उनकी अन्तर्मुखी वृत्ति को स्पष्ट कर रही है, वहीं गोपनीयता और रहस्यात्मकता को भी उजागर कर रही है।

अक्षरों पर लेखनी का दबाव उनके व्यक्तित्व की दृढ़ता एवं विचारों की मौलिकता को स्पष्ट करता है। अन्तिम अक्षर की लहरियेदार रेखा उनके स्वच्छन्द जीवन की पर्याय है। स्वतन्त्र एवं मौलिक चिन्तन का यह स्पष्ट संकेत मिल रहा है।

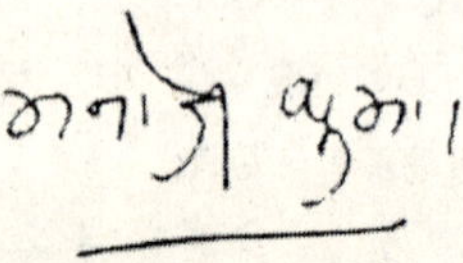

श्री मनोज कुमार के हस्ताक्षर

निर्माता–अभिनेता मनोजकुमार एक अच्छा अभिनेता और एक श्रेष्ठ मित्र है। दूसरों के सुख–दुःख में भाग लेने वाला मनोज भारतीय

संस्कृति से पूर्णतः अनुप्राणित है। उसके विचार मौलिक एवं स्वतन्त्र हैं। वह जो भी कार्य करेगा, उसमें पूरी तरह से डूब जायेगा। दूसरों की नकल करने की उसमें प्रवृत्ति नहीं। शिरोरेखा से मुक्त इसके अक्षर उपर्युक्त कथन के साक्षी हैं।

मनोज के जीवन में नाटकीयता भी है, प्रदर्शन भी है, अतः उनके हस्ताक्षर भी प्रदर्शनपूर्ण हैं। प्रत्येक अक्षर उछलता-सा है। अधोरेखा सबल व्यक्तित्व की परिचायक है।

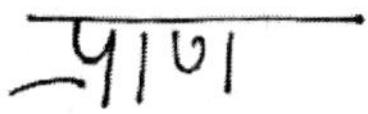

श्री प्राण के हस्ताक्षर

प्राण जैसा श्रेष्ठ कलाकार वर्षों बाद पैदा होता है। वह खलनायक की भूमिका करने में अच्छे-अच्छे कलाकारों के छक्के छुड़ा देते हैं। वह जिस फ़िल्म में भी काम करते हैं, उसमें छा जाते हैं। उनके हस्ताक्षर के मोटे-मोटे अक्षर उनके सजग व्यक्तित्व और सहृदय कलाकार को स्पष्ट उजागर कर रहे हैं।

इसी के साथ उनके हस्ताक्षर से नाटकीयता और प्रदर्शन की भावना भी प्रदर्शित हो रही है, जो इस तथ्य की साक्षी है कि ऐसा व्यक्ति कैसी भी भूमिका निभा सकता है, परन्तु अपने वास्तविक जीवन में उत्तरदायित्व का निर्वहण करने में पूर्ण रूप से सक्षम और नैतिकता का समर्थक है। उनके हस्ताक्षर पर शिरोरेखा हमारे इस कथन की परिचायक है।

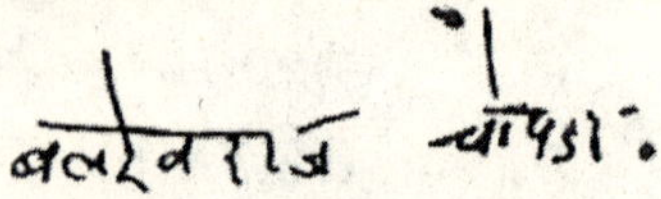

श्री बलदेवराज चोपड़ा के हस्ताक्षर

बलदेवराज चोपड़ा हिन्दी फ़िल्म संसार के एक अच्छे शो मैन हैं और उनके हस्ताक्षर भी इसके गवाह हैं। हस्ताक्षर पर खींची गयी रेखाएं प्रदर्शन के लिए उतावली हैं और सबसे पहले अपनी ओर ध्यान आकर्षित करती हैं, परन्तु उनके हस्ताक्षर में अक्षरों पर खींची गयी शिरोरेखा जीवन में व्यवस्थित होने की सूचना देती है।

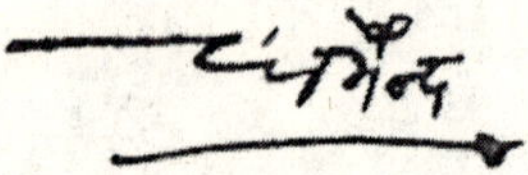

श्री धर्मेन्द्र के हस्ताक्षर

धर्मेन्द्र एक कुशल अभिनेता हैं। उनके हस्ताक्षर का पहला अक्षर अन्य अक्षरों की अपेक्षा बड़ा है और यह अक्षर जहां उनकी प्रदर्शनप्रियता का संकेत देता है, वहीं ज़िम्मेदारी एवं नेतृत्व क्षमता का भी प्रतिनिधित्व करता है।

'द' स्वतन्त्र है और 'द' में 'र' का अभाव व्यक्ति की भूलों की ओर संकेत करता है। ऐसा व्यक्ति क्षणिक सुख में ही मस्त हो जाता है और पीछे की ओर देखना छोड़ बैठता है। अधोरेखा मोटी और स्पष्ट है, जो उनके दृढ़ एवं सबल व्यक्तित्व की परिचायक कही जा सकती है।

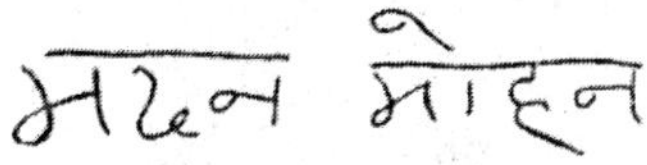

श्री मदनमोहन के हस्ताक्षर

एक श्रेष्ठ संगीतज्ञ एवं कला पारखी मदनमोहन के हस्ताक्षर बड़े, स्पष्ट तथा सुवाच्य हैं जिससे इनके सीधे एवं सरल व्यक्तित्व का पता चलता है। शिरोरेखा होने पर भी अक्षर स्वतन्त्र रहने को उत्सुक हैं।

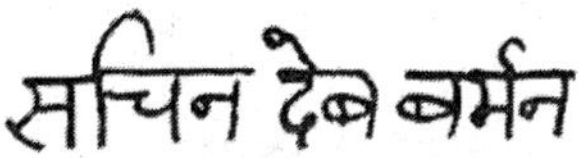

श्री सचिनदेव बर्मन के हस्ताक्षर

सचिनदेव बर्मन के हस्ताक्षर सुगठित, सरल एवं स्पष्ट हैं। अक्षरों में कहीं भी कोई दुराव-छिपाव नहीं है। पूरी शिरोरखा से युक्त ये अक्षर जीव में नैतिकता को स्थान देते लगते हैं और यह भी स्पष्ट करते हैं कि ऐसा व्यक्ति पूरी ज़िम्मेदारी एवं पूर्ण तन्मयता के साथ कार्य करने वाला एवं कला का पारखी होगा।

सचिन दादा अपने हस्ताक्षर के समान ही अपने जीवन में भी कला-प्रेमी, संयत, उत्तरदायित्व से पूर्ण, सरल एवं सीधे-सादे रहे।

श्री हज़ारीप्रसाद द्विवेदी के हस्ताक्षर

श्री हज़ारीप्रसाद द्विवेदी हिन्दी साहित्य के श्रेष्ठ साहित्यकार हैं और उनके हस्ताक्षर की विशेषता है—उनका समानान्तर होना। सम आकार

में गोल एवं कोणदार अक्षर एक-दूसरे को ठेलते हुए-से प्रतीत होते हैं। निश्चय ही ऐसा साहित्यकार सवेग लिख सकता है और लिखते समय उसके भाव और विचार स्वत: बढ़ते चले जाते होंगे। ऐसे लेखकों को लिखते समय अपने भावों और विचारों को लिखने के लिए रुकना नहीं पड़ता।

शिरोरेखा भी स्वयं ही बनती जा रही है, जो उनके आत्मनियन्त्रण की भावना को स्पष्ट करती है। स्फूर्तिमय, विचारवान् एवं बुद्धिजीवी व्यक्ति अपने कार्यों से सदा-सर्वदा के लिए चर्चित बना रहता है।

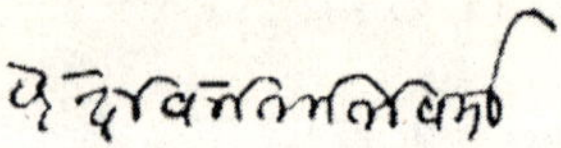

श्री वृन्दावनलाल वर्मा के हस्ताक्षर

श्री वृन्दावनलाल वर्मा हिन्दी उपन्यासकारों में अग्रण्य हैं। श्री हज़ारीप्रसाद द्विवेदीजी के हस्ताक्षर की भांति इनके हस्ताक्षर भी सवेग आगे बढ़ते हुए-से प्रतीत होते हैं। पूरे हस्ताक्षर मोतियों से जड़े लगते हैं। हस्ताक्षर में अक्षरों की ठीक एक समान दूरी, गोल अक्षर, स्वत: निर्मित शिरोरेखा, लेखक की मौलिक प्रतिभा, अपनी क़लम पर पूर्ण अधिकार तथा आत्मनियन्त्रण के भाव को स्पष्ट करते हैं। ऐसे हस्ताक्षरकर्ता अपने सामाजिक उत्तरदायित्व की भावना से पूर्ण, सफल एवं सजग साहित्यकार कहे जा सकते हैं।

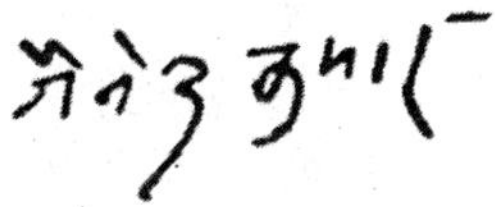

श्री जैनेन्द्रकुमार के हस्ताक्षर

श्री जैनेन्द्रकुमार के हस्ताक्षर विशेषतः अवलोकनीय हैं। बिना शिरोरेखा वाले पूरे हस्ताक्षर एक सांचे में ढले हुए-से प्रतीत हो रहे हैं। ऐसा लगता है, मानो कागज़ पर कोई चित्रकारी की गयी हो। लेखनी का दबाव सर्वत्र एक समान है। हस्ताक्षर को देखने से मुक्त एवं स्वतन्त्र विचार, निष्पक्ष निर्णय लेने की क्षमता, वेगवान्, स्फूर्तिमय साहित्य, सजग, सबल एवं सशक्त विचारों से अनुप्राणित व्यक्ति का बोध होता है। ऐसे ही व्यक्ति समाज व साहित्य का दिशा-निर्देश करने में समर्थ होते हैं।

श्री विष्णु प्रभाकर के हस्ताक्षर

श्री विष्णु प्रभाकर के हस्ताक्षर की विशेषता है – नाटकीयता। मोटे-मोटे अक्षर, जहां उनके सबल व्यक्तित्व के परिचायक हैं, वहीं उड़ती हुई-सी मात्राएं एवं शिरोरेखा उनके भावनात्मक दृष्टिकोण को स्पष्ट करती हैं। ऐसे व्यक्ति कोमल, मधुर तथा कल्पनालोक में विचरण करने वाले होते हैं। स्वतन्त्र विचारों के धनी होने पर भी ये नियन्त्रण एवं नैतिक नियमों को जीवन के लिए आवश्यक मानते हैं।

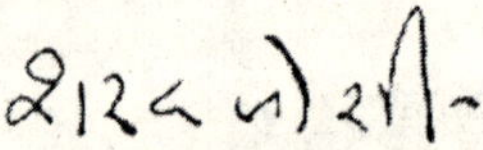

श्री शरद जोशी के हस्ताक्षर

श्री शरद जोशी हिन्दी के श्रेष्ठ व्यंग्य लेखकों में गिने जाते हैं। उनके हस्ताक्षर के सीधे और स्पष्ट अक्षर इस तथ्य का प्रमाण हैं कि ऐसा व्यक्ति जो भी कहेगा, दो टूक और स्पष्ट कहेगा, भले ही सामने वाला उससे तिलमिला उठे। शिरोरेखाविहीन अक्षर स्वतन्त्र विचारों और स्वच्छन्द अभिव्यक्ति का प्रमाण हैं। प्रथम अक्षर कुछ बड़ा-सा और नेतृत्व करता-सा प्रतीत होता है। अक्षरों की यही स्पष्टता व्यक्ति के जीवन की स्पष्टता है।

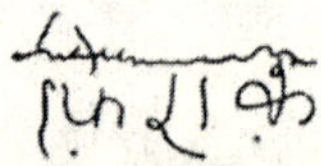

फ़िराक़ गोरखपुरी के हस्ताक्षर

फ़िराक़ गोरखपुरी उर्दू भाषा के एक श्रेष्ठ शायर हुए हैं। उन्होंने अपनी रचनाओं में दुःख-दर्द को संजोया है, परखा है, जिया है और इस धरती की मिट्टी में अपने गीतों से प्राण फूंके हैं।

फ़िराक़ गोरखपुरी के हस्ताक्षर की विशेषता है – शिरोरेखा का लहरियेदार होना। यह इस तथ्य का प्रमाण है कि व्यक्ति अपने विचारों पर दृढ़ नहीं है। जो भी कोई कुछ कहता है, उसी को स्वीकृति दे दी जाती है। यह स्वतन्त्र अभिव्यक्ति एवं मुक्त विचारों का द्योतक है, परन्तु अक्षरों का विन्यास जिस ढंग से हुआ है, उससे उनके चित्त की अस्थिरता का भी बोध होता है।

अक्षर कुछ ऊबड़-खाबड़ हैं और मात्राएं भी छोटी-बड़ी हैं। ऐसा व्यक्ति न तो अपने जीवन से सन्तुष्ट होता है और न अपने सामाजिक

जीवन से प्रसन्न होता है, परन्तु अक्षरों का अग्रगामी होना यह सिद्ध करता है कि व्यक्ति प्रगतिवादी है।

श्री कमलेश्वर के हस्ताक्षर

श्री कमलेश्वर श्रेष्ठ कहानीकार हैं। उनके हस्ताक्षर में दो विशेषताएं हैं। पहली यह कि लिखावट के साथ ही शिरोरखा भी बनती जा रही है, जो उनकी प्रगतिवादी भावना, नैतिक नियमों का नियन्त्रण और बुद्धिमत्ता का परिचायक है। इसके अतिरिक्त उनका प्रथम अक्षर अन्य अक्षरों की अपेक्षा बड़ा है, जो आत्मनियन्त्रण एवं नेतृत्व भावना का विकास करता है।

दूसरी विशेषता उनके हस्ताक्षर की लम्बी अधोरेखा है, जो स्पष्ट तथा सपाट है। उसी के साथ दो बिन्दु भी हैं, जिनसे पता चलता है कि व्यक्ति पूर्ण आत्मविश्वास से युक्त है, परन्तु ये बिन्दु यह भी दर्शाते हैं कि व्यक्ति में निराशा की भावना भी मौजूद है। सभी अक्षर एक सांचे में ढले हुए-से, व्यवस्थित एवं सुन्दर हैं, जो व्यक्ति की गरिमा, शालीनता और प्रदर्शनप्रियता को अभिव्यक्त करते हैं।

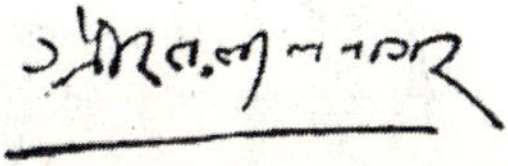

श्री अमृतलाल नागर के हस्ताक्षर

श्री अमृतलाल नागर हिन्दी जगत् के सुप्रसिद्ध कथाकार एवं साहित्यकार थे। यदि पाठक उनके हस्ताक्षर को ध्यानपूर्वक देखेंगे, तो उनका प्रथम

अक्षर काफ़ी बड़ा है और उसके बाद सभी अक्षर क्रमशः छोटे होते चले गये हैं। इससे व्यक्ति की व्यंग्य एवं प्रफुल्ल मनोवृत्ति का पता चलता है। ऐसा व्यक्ति सदा सम ही बना रहता है, उसे न दुःख ही कातर करता है और न सुख अधिक प्रसन्न करता है।

अन्तिम अक्षर आगे की ओर बढ़ा हुआ है, जो उनकी प्रगतिवादी भावना का परिचायक है। ऐसी अधोरेखा व्यक्ति में आत्मनियन्त्रण, दृढ़ता और स्पष्टता को स्पष्ट करती है।

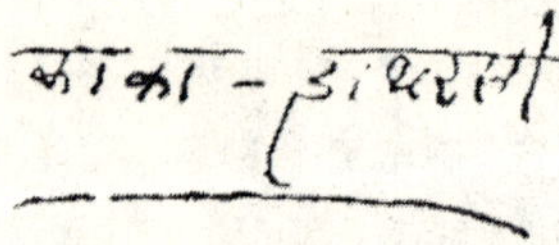

श्री काका हाथरसी के हस्ताक्षर

श्री काका हाथरसी के हस्ताक्षर देखने से यह पता चलता है कि यह व्यक्ति अपने जीवन में अव्यवस्थित, परन्तु प्रसन्न रहेगा। 'ह' को कुछ लम्बा खींचना और उसे चित्रमय बना देना उनकी हास्यवृत्ति को स्पष्ट कर रहा है।

शिरोरखा जहां इस तथ्य की सूचक है कि व्यक्ति बिना नियन्त्रण के रह ही नहीं सकता, तो अधोरेखा उनके आत्मविश्वास की सूचक है।

एक बात और, हस्ताक्षरकर्ता ने नाम के बीचोंबीच एक छोटी-सी रेखा देकर दोनों शब्दों को जोड़ने का प्रयत्न किया है। यह निराशा एवं असफलता का चिन्ह है, परन्तु यह भी स्पष्ट करता है कि ऐसा व्यक्ति बिना किसी सहारे के उन्नति नहीं कर सकता। वह प्रत्येक कार्य के लिए इस बात का इच्छुक रहता है कि कोई उसकी सहायता करे, उसका साथी बने। दृढ़ आत्मविश्वास, सरल चित्त एवं हास्यवृत्ति के परिचायक काकाजी के हस्ताक्षर अपने-आप में निराले हैं।

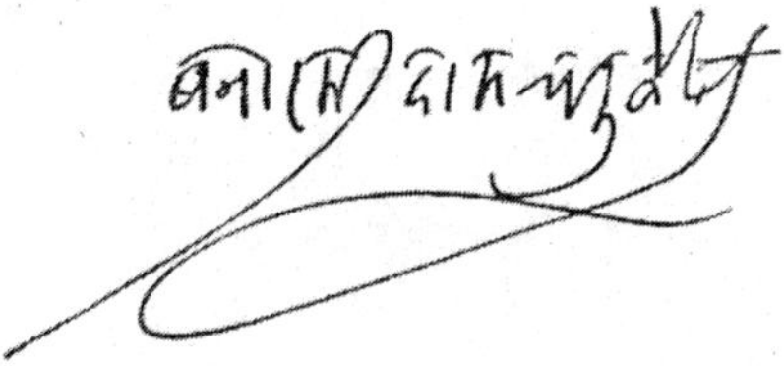

श्री बनारसीदास चतुर्वेदी के हस्ताक्षर

श्री बनारसीदास चतुर्वेदी के बारे में कुछ भी कहना सूर्य को दीपक दिखाना होगा। उनका व्यक्तित्व, उनके कार्य तथा उनके विचार इतने सुविख्यात रहे हैं कि उनका परिचय देने की कोई आवश्यकता नहीं है।

वह अपने क्षेत्र के एक महान् स्तम्भ हैं तथा उनकी सहृदयता एवं भावुकता बहुत प्रसिद्ध रही है। उनके हस्ताक्षर की शिरोरेखा उनके नियमित जीवन की परिचायक है।

पाठक 'सी' तथा 'दी' पर भी ध्यान दें। ये दानों अक्षर कुछ लम्बे तथा पीछे की ओर मुड़े हुए हैं। ये इस तथ्य के सूचक हैं कि जहां व्यक्ति प्रगतिवादी है तथा निरन्तर आगे बढ़ते रहने का इच्छुक है, वहां पीछे किये गये कामों एवं वादों को भी नहीं भूलता। ऐसा व्यक्ति वर्तमान में भी अपने भूत एवं भविष्य को संजोकर चलता है।

श्री हरिवंशराय बच्चन के हस्ताक्षर

श्री हरिवंशराय बच्चन भी हिन्दी काव्य जगत् के देदीप्यमान नक्षत्र थे। उनके हस्ताक्षर भी उनकी ही भांति पाठकों में चिर-परिचित-से लगते हैं। पाठक देखें कि उनके सभी अक्षर बड़े और समान आकार के हैं और किसी सुमधुर ललित पद्य की भांति ही अंकित हैं।

पहला अक्षर गांठदार बना है, जो व्यक्ति की रहस्यात्मकता एवं गोपनीय प्रवृत्ति का परिचायक है। अन्तिम अक्षर सीधा, पर थोड़ा नीचे की ओर चला गया है। निश्चय ही ऐसा व्यक्ति अन्त तक अपनी ज़िम्मेदारी को निभाता है और व्यवस्थित कार्य-सम्पन्नता में विश्वास करता है।

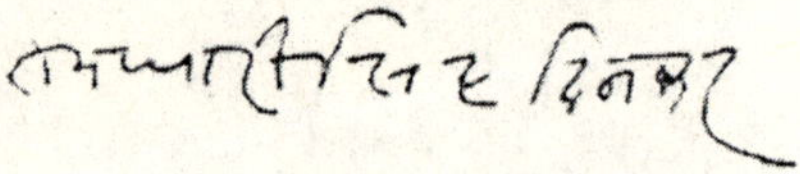

श्री रामधारीसिंह दिनकर के हस्ताक्षर

श्री रामधारी सिंह 'दिनकर' अपने ओजस्वी विचारों और सांस्कृतिक कवि के रूप में विख्यात थे। उनके हस्ताक्षर की विशेषता है – स्वतः गतिशील शिरोरेखा लगाते हुए अक्षरों का आगे की ओर बढ़ते जाना। यह उनके व्यवस्थित जीवन, गतिशील प्रगतिवादी भावना एवं आत्मविश्वास को स्पष्ट करता है। सभी अक्षर अग्रगामी हैं, जो निरन्तर प्रगति का संकेत है।

हस्ताक्षर और चरित्र

काग़ज़ पर किसी व्यक्ति का हस्ताक्षर ही उसका वह आन्तरिक चित्र होता है, जिसे समग्रता में देखा जा सकता है, समझा जा सकता है और उसके पश्चात् जो मत स्थिर किया जाता है, वह एकदम सही, यथार्थ और ठोस तथ्यों पर आधारित होता है।

हस्ताक्षर का अध्ययन व्यक्ति के मनोविज्ञान का अध्ययन है। मनुष्य की इच्छाएं, उसकी प्रवृत्तियां, उसके विचार, उसका ध्येय अर्थात् उसका सब कुछ उसके हस्ताक्षरों से जाना जा सकता है। हस्ताक्षर सही अर्थों में व्यक्ति के सामने रखा गया ऐसा दर्पण है, जिसमें वह अपने वास्तविक रूप में प्रतिबिम्बित हो जाता है। हस्ताक्षर व्यक्ति के अन्तर्बाह्य रूप को समग्र रूप में सबके सामने रख देता है।

हस्ताक्षरों को समझने से पूर्व यह जानना भी आवश्यक हो जाता है कि व्यक्ति के हस्ताक्षर किसी विशेष ढंग के ही क्यों होते हैं। जहां एक व्यक्ति के हस्ताक्षर सुवाच्य और स्पष्ट होते हैं, वहीं दूसरा व्यक्ति अपने हस्ताक्षर अस्पष्ट क्यों बना देता है?

व्यक्ति अपने वास्तविक जीवन में बदल भी सकता है। यदि एक धूर्त व्यक्ति ईमानदार बनने की तैयारी करता है। वह अपनी वेशभूषा, व्यवहार और अपने वार्तालाप में बदलाव कर कुछ समय के लिए किसी को धोखा देने में सफल भी हो जाता है, परन्तु उसके हस्ताक्षर

से उसका सारा रहस्य खुल जाता है। वहां न उसकी चतुराई चलती है और न सावधानी। वह जैसा है, उसका वैसा ही रूप कागज़ पर उतर आता है।

कुछ लोग कहते हैं कि व्यक्ति अपने हस्ताक्षर बदल भी सकता है और वह समय-समय पर अपने हस्ताक्षर बदलता भी रहता है, ऐसी स्थिति में उसके हस्ताक्षरों से क्या अनुमान लगाया जा सकता है? इसके उत्तर में यही कहा जा सकता है कि ऐसा करके वह अपने-आप को और भी अधिक स्पष्ट कर देता है। बार-बार अपनी लिखावट को बदलना अथवा अपने हस्ताक्षरों को बदलते रहना अस्थिर मनोवृत्ति का सूचक है। ऐसे व्यक्ति पर विश्वास करना अपने को धोखे में डालना होता है। ऐसे व्यक्ति अपनी ज़बान के पक्के नहीं होते और न इनका संकल्प ही दृढ़ होता है। ऐसे व्यक्ति चंचल एवं अस्थिर स्वभाव के होते हैं।

कुछ लोग जान-बूझकर अपने हस्ताक्षर बदलते रहते हैं, तो कुछ लोग अपने दैनिक जीवन में भी अलग-अलग स्थानों पर अलग-अलग हस्ताक्षरों का प्रयोग करते हैं। इससे यह स्पष्ट होता है कि ऐसे व्यक्ति असत्यभाषी होते हैं। वे शंकालु भी होते हैं और किसी पर पूर्ण विश्वास कर पाना उनके लिए सम्भव नहीं होता। ऐसे व्यक्ति हर समय चौकन्ने भी रहते हैं तथा प्रायः हीन भावना से भी ग्रस्त होते हैं। उनके मन में कुण्ठा घर कर लेती है, जिसके कारण उनकी वाणी और व्यवहार में भी उतावलापन एवं हीनता प्रदर्शित होती है।

सीधे व सरल व्यक्ति के हस्ताक्षर भी सीधे व सपाट ही होते हैं, परन्तु जिन लोगों के हस्ताक्षर अस्पष्ट, घुमावदार या चक्करदार होते हैं, वे एक प्रकार से अपने आपको धोखेबाज़ मानते हुए दूसरों को भी धोखा देने में विश्वास करते हैं। ऐसे व्यक्ति उत्तरदायित्वविहीन होते हैं तथा अस्पष्ट हस्ताक्षर बनाकर अपनी गोपनीय एवं रहस्यमय वृत्ति को ही उजागर करते हैं।

इस प्रकार हस्ताक्षर बहुत से प्रकार के होते हैं। यहां हम पाठकों की सुविधा के लिए शीर्षकों के अन्तर्गत हस्ताक्षरों का विश्लेषण कर रहें हैं जिससे पाठक हस्ताक्षरकर्ता का चरित्र समझ सकें:

1. प्रारम्भिक अक्षर बड़ा — प्रारम्भिक अक्षर को बड़ा तथा कुछ विशेष ढंग से बनाना व्यक्ति की प्रदर्शनप्रियता को स्पष्ट करता है। ऐसा व्यक्ति एक सफल शो-मैन होता है। वह कुछ भी करके किसी विशेष ढंग से लोगों की नज़रों में आना चाहता है।

श्री गैरी सोबर्स के हस्ताक्षर

इस प्रकार के व्यक्ति साहसी, जीवट, अस्तित्व की रक्षा के लिए सब कुछ कर गुज़रने वाले होते हैं और अन्ततः अपने लक्ष्य को प्राप्त करने में सफल हो जाते हैं।

2. सरल लिखावट — सीधे-सादे, सरल अक्षरों में किये गये हस्ताक्षर इस बात को स्पष्ट करते हैं कि हस्ताक्षर जितने सरल एवं स्पष्ट होंगे, हस्ताक्षरकर्ता भी अपने दैनिक जीवन में उतना ही सरल एवं स्पष्ट होगा। न उन्हें प्रदर्शन की भूख होती है, न प्रचार की। अपने दैनिक जीवन में भी उन्हें असत्य अथवा पाखण्ड प्रिय नहीं होता, अपितु उनके आचार-विचार क्रमबद्ध एवं सुव्यवस्थित होते हैं।

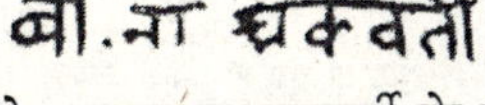

श्री बीरेन्द्र नारायण चक्रवर्ती के हस्ताक्षर

ऐसे व्यक्तियों के कुछ आदर्श होते हैं और वह उन आदर्शों की रक्षा के लिए कटिबद्ध होते हैं। ऐसे व्यक्ति मामूली-सी बात पर भड़कते नहीं हैं, अपितु धीर-गम्भीर बने रहते हैं। नियमों का पालन करना इनके जीवन का आदर्श होता है।

3. अस्पष्ट लिखावट – भारत के प्रसिद्ध और अध्यात्मिक वृत्ति सम्पन्न आचार्य रजनीश के हस्ताक्षर देखें; आजकल यह ओशो के नाम से भी प्रचलित हैं। पाठक स्वयं देखेंगे कि उनके अक्षर परस्पर गुँथे हुए

आचार्य रजनीश के हस्ताक्षर

तथा अस्पष्ट हैं, पर पंक्ति के ऊपर की रेखाएँ उभरी हुई तथा ऊपर उठती हुई-सी हैं। विचारों का द्वन्द्व इनके जीवन की विशेषता है। एक ही क्षण में कई विचारों का पारस्परिक गुम्फन हस्ताक्षर से स्पष्ट है, पर सभी अक्षर ऊपर की ओर उठते हुए-से हैं। अक्षरों का रहस्य ऊपर के भाग देखने से ही खुलता है, अतः आचार्यजी का रहस्य उनके अध्यात्म में ही निहित है। उनके भाषण में विचारों का गुम्फन सहज ही देखा जा सकता है।

ऐसा भी देखा गया है कि अस्पष्ट लिखावट उन व्यक्तियों की भी होती है जो अपने जीवन में अव्यवस्थित हैं, जिनके मन में कुण्ठा हैं तथा जिनकी प्रवृत्ति में धोखा है। ऐसा व्यक्ति कुछ छिपाना चाहता है। अपने सही रूप में सबके सामने नहीं आना चाहता, हिचकिचाता है। वह नहीं चाहता कि कोई उसे देखे या समझे। ऐसा व्यक्ति उत्तरदायित्वविहीन होता है। वह पग-पग पर असत्य का आश्रय लेता है तथा उसकी कथनी और करनी में ज़मीन-आसमान का अन्तर होता है।

4. गोल बिन्दु – कुछ व्यक्ति हस्ताक्षर करते समय अक्षरों के आगे गोल-गोल बिन्दुओं का प्रयोग करते हैं। इस प्रकार के गोल बिन्दु अतिरिक्त सुरक्षा की भावना को व्यक्त करते हैं तथा हस्ताक्षरकर्ता की स्पष्टता के भी द्योतक हैं।

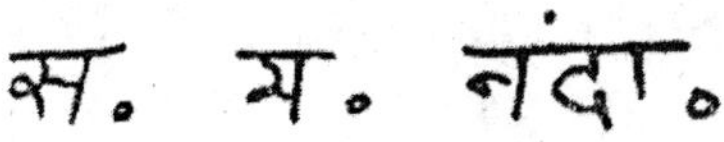

श्री सरदारीलाल मथुरादास नंदा के हस्ताक्षर

ऐसा हस्ताक्षरकर्ता कभी कुछ नहीं छिपाता, किसी को धोखा देना नहीं चाहता, अपितु उसके व्यवहार में मृदुलता, शिष्टाचार एवं खुलापन होता है। वह अपने छोटे-से-छोटे व्यवहार पर भी दृष्टि रखता है। उसके जीवन में रहस्यात्मकता व गोपनीयता आदि के लिए कोई स्थान नहीं होता। वह सदा क्रियाशील, गम्भीर, निष्ठावान् एवं सहृदय ही बना रहता है।

5. सुन्दर, सजीले अक्षर – कुछ अक्षर इतने सुन्दर, सजीले एवं समानुपातिक होते हैं कि देखते ही वे दृष्टि को बांध-सा लेते हैं। ऐसे अक्षरों वाले हस्ताक्षरकर्ता की सुरुचि, सज्जनता एवं सौम्यता देखने लायक होती है।

श्री अक्षयकुमार जैन के हस्ताक्षर

ऐसे व्यक्ति अपने दैनिक जीवन एवं व्यवहार में भी शालीनता का ही प्रदर्शन करते हैं। फूहड़पन एवं अव्यवस्था उन्हें सह्य नहीं होती। वे जब चाहें किसी एक बिन्दु पर अपना ध्यान केन्द्रित कर सकते हैं।

नियम-पालन में भी ऐसे व्यक्ति अग्रगण्य रहते हैं। इस प्रकार के हस्ताक्षर व्यक्ति की विचारशीलता को अभिव्यक्त करते हैं। उनका चिन्तन प्रौढ़ होता है तथा वे जीवन-भर सुसंस्कृत बने रहते हैं।

6. मोटे अक्षर – बड़े और मोटे अक्षर व्यक्ति की स्वच्छन्द प्रकृति को स्पष्ट करते हैं। ऐसे व्यक्ति प्रसन्नचित्त, निष्कपट, दृढ़ परिश्रमी, कार्यकुशल एवं पूर्ण आत्मसंयमी होते हैं। ज़रा-ज़रा-सी बात पर विचलित नहीं होते तथा इनके जीवन में बुद्धि एवं भावना का उचित समन्वय रहता है।

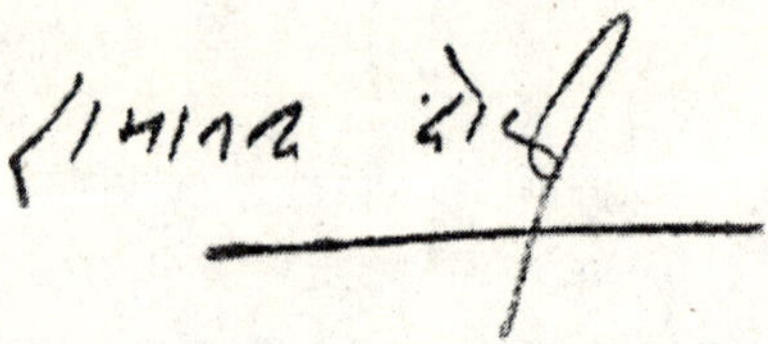

श्री रामानन्द दोषी के हस्ताक्षर

ऐसे व्यक्ति निर्भीक भी होते हैं। इन में अपनी बात खुलकर कहने का साहस एवं विश्वास होता है, पीठ पीछे बुराई करना इन्हें सह्य नहीं होता तथा मुंह पर खरी बात कह देना इनके जीवन की उपलब्धि कही जा सकती है।

7. शिरोरेखाविहीन हस्ताक्षर – ऐसे व्यक्ति अपने कार्यों, भावनाओं एवं विचारों से पूर्णतः स्वतन्त्र एवं स्वच्छन्द होते हैं। इनका लक्ष्य निश्चित होता है, जिसकी ओर ये निरन्तर एवं अबाध गति से बढ़ते रहते हैं।

प्रसन्नचित्त, प्रबल आत्मसंयमी एवं दृढ़निश्चयी व्यक्तित्व इनकी विशेषता होती है। जो बात एक बार जंच गयी, उसे पूरा करने में कोई कोर-कसर उठा नहीं रखते। इनके विचारों पर कोई भी ज़बरदस्ती नियन्त्रण नहीं कर सकता।

श्री ओमप्रकाश शर्मा के हस्ताक्षर

लेखनी का दबाव बता रहा है कि ऐसे व्यक्तियों में उत्साह एवं स्फूर्ति की प्रबल भावना होती है। कठिन परिश्रम तथा अपने लक्ष्य तक पहुंचने की ललक इन्हें सफलता प्रदान करने में सहायक होती है। यद्यपि अपने विचारों के कारण इन्हें कई बार प्रबल विरोध का सामना भी करना पड़ता है, तथापि ऐसे व्यक्ति जीवन में टूट तो सकते हैं, पर झुक नहीं सकते।

निरन्तर चेष्टा करते रहना इनका स्वभाव होता है। इनमें मनोवेग से बलवान् जीवन-शक्ति होती है। ऐसे व्यक्ति मस्तिष्क से अधिकाधिक सक्रिय एवं जीवट होते हैं तथा किसी भी कार्य की सम्पन्नता में इनकी मौलिकता स्पष्ट देखी जा सकती है। दृढ़ निश्चय एवं व्यक्तित्व के बल पर, इनमें अनेक व्यक्तियों को प्रभावित करने का सामर्थ्य होता है। स्पष्ट एवं प्रबल आचरण इनके व्यक्तित्व की विशेषता कही जा सकती है।

8. शिरोरेखायुक्त हस्ताक्षर — शिरोरेखायुक्त हस्ताक्षर दो प्रकार के होते हैं: (1) शिरोरेखा खींचकर हस्ताक्षर करना तथा (2) हस्ताक्षर करके उस पर शिरोरेखा खींचना।

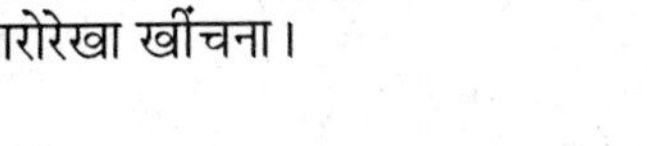

श्री जयरामदास दौलतराम के हस्ताक्षर

दोनों ही स्थितियां व्यक्ति की सावधानी को प्रकट करती हैं। इसमें शक्ति का प्रवाह सामान्य रहता है। सामाजिक आचार-विचार में वह शुद्ध

और सात्विक बना रहता है। उसके व्यवहार में न आडम्बर होता है और न कृत्रिमता। वह सीधे-सादे, सरल ढंग से जीवनयापन को श्रेष्ठ मानता है।

9. स्वच्छन्दता से आगे बढ़ते अक्षर — ऐसे हस्ताक्षर लेखनी की स्वच्छन्दता को प्रकट करते हैं। उत्साह, उल्लास, गम्भीर चिन्तन, बिना रुकावट लक्ष्य तक पहुंचने की भावना, वाक्‌चातुर्य, साहस एवं प्रगतिशील भावनाओं के सूचक जैसे हस्ताक्षर व्यक्ति की सफलता का दिग्दर्शन कराते हैं।

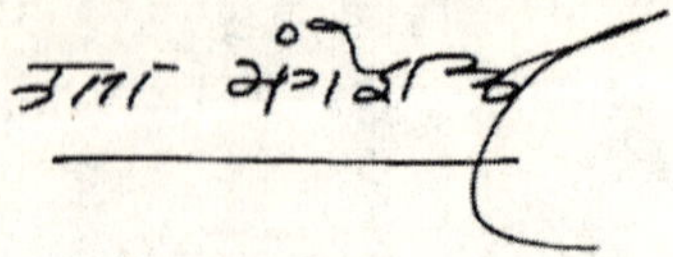

सुश्री लता मंगेशकर के हस्ताक्षर

ऐसे व्यक्तियों को हस्तक्षेप पसन्द नहीं होता और न उनके विचारों को ज़बरदस्ती बदला ही जा सकता है। ऐसे हस्ताक्षरों में अक्षर आगे की ओर गतिशील दिखाई देते हैं।

10. रचनात्मक अक्षर — रचनात्मक अक्षरों से युक्त हस्ताक्षर आदर्श कहे जा सकते हैं। ऐसे हस्ताक्षरों में सभी अक्षर समानुपातिक एवं व्यवस्थित होते हैं। ऐसे हस्ताक्षरकर्ता का जीवन संयत एवं व्यवस्थित होता है।

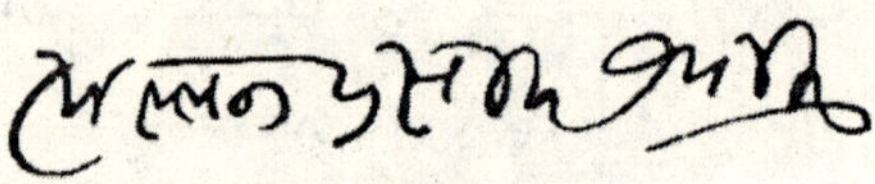

श्री लल्लन प्रसाद के हस्ताक्षर

घुमक्कड़ वृत्ति, कष्ट सहन करने की भावना, धैर्य, आत्मनियन्त्रण, स्पष्टता व गाम्भीर्य आदि इनके व्यक्तित्व की विशेषता कहे जा सकते हैं।

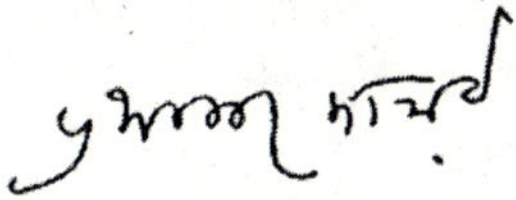

श्री प्रभाकर माचवे के हस्ताक्षर

ऐसे व्यक्ति छोटी-छोटी बात पर अपना धैर्य बनाये रखते हैं। ये घण्टों एकाग्र चिन्तन में व्यतीत कर सकते हैं। स्वर पर नियन्त्रण, वाक्शक्ति में दृढ़ता, परिश्रम करने की भावना एवं गम्भीरता आदि इनके जन्मजात गुण कहे जा सकते हैं।

ऐसे व्यक्ति रचनात्मक मनोवृत्ति के होते हैं। नियम-पालन, सामाजिकता एवं व्यवस्थित जीवन इनका आदर्श होता है। ऐसे व्यक्तियों का चरित्र अत्यन्त उज्ज्वल, सक्रिय एवं श्रेष्ठ कहा जा सकता है।

11. लेखनी का दबाव – लेखनी का दबाव व्यक्ति की इच्छाशक्ति का परिचायक होता है। ऐसे व्यक्ति की जीवन-शक्ति अधिक दृढ़ होती है। अपनी बात पर अड़ जाना, जो निश्चय कर लिया, उसे पूरा करना – चाहे जितनी ही कठिनाइयां आयें – हठ, स्वेच्छाचारिता तथा मुंह पर खरी बात कह देने की प्रवृत्ति इनके व्यक्तित्व में सहज ही देखी जा सकती है।

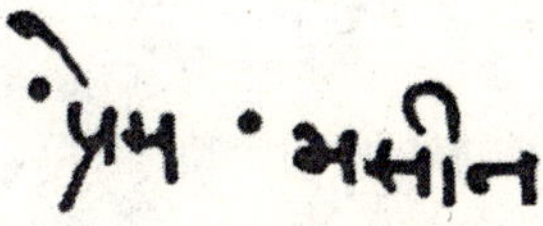

श्री प्रेम भसीन के हस्ताक्षर

ऐसे व्यक्ति भौतिक सुखों को भी बहुत अधिक महत्त्व देते हैं और चाहते हैं कि लोग उनकी बात को सुनें और उसका अनुसरण करें। अच्छा भोजन एवं सुख-सुविधायुक्त जीवन इन्हें प्रिय होता है। ऐसे व्यक्ति कर्तव्यनिष्ठ भी होते हैं।

12. हलकी लिखावट – लेखनी का हलका दबाव व्यक्ति की प्रफुल्लता एवं एकाग्रता को प्रकट करता है।

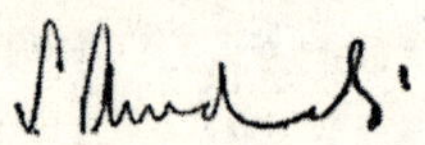

सय्यद आबिद अली के हस्ताक्षर

कोमल चित्तवृत्तिप्रधान व्यक्ति सहनशील एवं भद्र होता है, परन्तु अप्रिय आलोचना को सहन नहीं कर सकता।

हलकी लिखावट के अन्तर्गत बहुत से प्रकार है जो उदाहरण सहित नीचे दिए जा रहे है:

हलके और स्पष्ट हस्ताक्षर: अनेक बार हलकी लिखावट में प्रत्येक अक्षर स्पष्ट और समान दूरी पर स्थित होते हैं। निश्चय ही ऐसे व्यक्ति व्यवस्थित एवं प्रसन्नचित्त होते हैं। ऐसे व्यक्ति बलप्रयोग की अपेक्षा

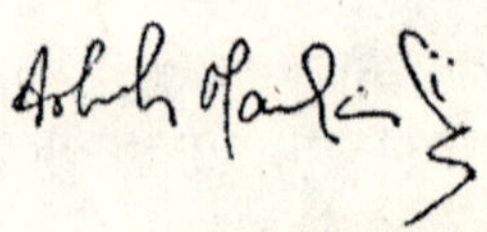

श्री अशोक मांकड के हस्ताक्षर

बातचीत से ही किसी विवाद को सुलझाने में विश्वास रखते हैं, जबकि फैली हुई लिखावट व्यक्ति की उदारता एवं सहृदयता को प्रकट करती है। खिलाड़ियों जैसी भावना भी ऐसे व्यक्तियों में पायी जाती है। अपनी वेशभूषा से व्यवस्थित एवं वार्तालाप में ऐसे व्यक्ति मधुर होते हैं।

हलके एवं घुमावदार हस्ताक्षर: हस्ताक्षरों में घुमाव अथवा अवरोधक चिन्ह व्यक्ति की कुण्ठा को स्पष्ट करते हैं। ऐसा व्यक्ति अपने जीवन में जो चाहता है, उसके प्राप्त न होने पर वह खीझ एवं उतावलेपन से भर जाता है।

श्री प्रसन्ना के हस्ताक्षर

ऐसे व्यक्ति में प्रदर्शनप्रियता, साहस एवं कर्तव्यनिष्ठा आदि गुण भरपूर होते हैं।

ऊपर उठते हुए हस्ताक्षर: ऊपर उठते हुए-से अक्षर व्यक्ति की महत्त्वाकांक्षा को स्पष्ट करते हैं। ऐसे व्यक्ति सदा यही चाहते हैं कि वे कुछ ऐसा करके दिखा सकें, जो अविस्मरणीय हो।

श्री वेंकट राघवन के हस्ताक्षर

वे शीघ्रातिशीघ्र लोगों की ज़बान पर चढ़ जाना चाहते हैं। ऐसे व्यक्तियों में दिलेरी व एकाग्रता विशेष रूप से देखी जा सकती है।

नीचे की ओर झुकते हुए हस्ताक्षर: नीचे की ओर गिरते हुए अक्षर सावधानी एवं धैर्य के सूचक होते हैं। ऐसे व्यक्ति संघर्षपूर्ण क्षणों में भी विचलित नहीं होते।

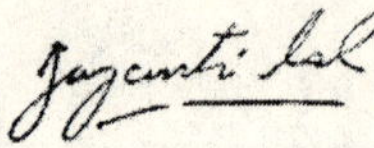

श्री जयन्ती लाल के हस्ताक्षर

उनकी सोच होती है कि गिर गये, तो क्या हुआ, इस बार उठकर भी चलेंगे और यही आशावादिता उन्हें उनकी मंज़िल तक पहुंचाने में सहायक बन जाती है।

हलके और शान्त हस्ताक्षरः शान्त, सीधे एवं सरल अक्षर व्यक्ति के व्यक्तित्व का परिष्कृत रूप स्पष्ट करते हैं। ऐसे व्यक्ति अपने जीवन में अविचलित रहते हैं।

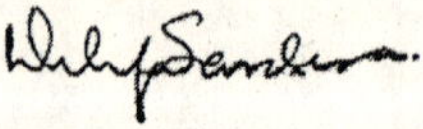

श्री दिलीप सरदेसाई के हस्ताक्षर

बहिर्मुखी प्रवृत्ति वाले ऐसे व्यक्तियों में अपूर्व आत्मनियन्त्रण पाया जाता है।

हलके और गांठदार हस्ताक्षरः हस्ताक्षर के बीच में गांठें या उतार–चढ़ाव व्यक्ति की बहिर्मुखी प्रतिभा का द्योतक होती हैं।

श्री सुनील गावस्कर के हस्ताक्षर

ऐसे व्यक्तियों में उद्योग की भावना कुछ अधिक होती है, परन्तु कुण्ठा के कारण ऐसे व्यक्तियों में नैराश्य की भावना पनपती रहती है।

सूक्ष्म हस्ताक्षरः सूक्ष्म हस्ताक्षर अन्तर्मुखी प्रवृत्ति के सूचक होते हैं। कम बोलकर अधिक काम कर दिखाना ऐसे व्यक्तियों की मनोवृत्ति होती है।

श्री जय सिम्हा के हस्ताक्षर

ऐसे व्यक्ति अपना समय व्यर्थ नहीं गंवाते, अपितु निरन्तर काम करते रहते हैं।

हलके और घुमावदार हस्ताक्षरः इसके विपरीत घुमावदार हस्ताक्षर करने वाले व्यक्ति प्रदर्शनप्रिय होते है। उनके जीवन में उलझनें होती हैं और उन्हें सुलझाते-सुलझाते वे हताश-से हो जाते हैं।

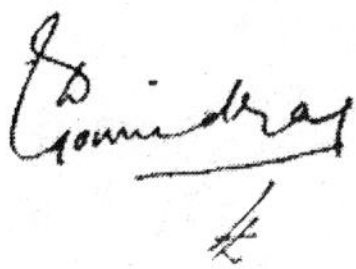

श्री गोविन्दराज के हस्ताक्षर

ऐसे हस्ताक्षरकर्ता रहस्यात्मकता एवं गोपनीयता में पूर्ण विश्वास रखते हैं।

असामान्य शब्दः हस्ताक्षरों का ऊपर को उछलना अथवा इस प्रकार हस्ताक्षर करना कि वे सामान्य से हटकर लगें, व्यक्ति की प्रदर्शनप्रियता की भावना को व्यक्त करते हैं। ऐसे व्यक्ति बहिर्मुखी प्रवृत्तिप्रधान होते

हैं। वे शीघ्र प्रसिद्धि प्राप्त करने के लिए कठोर परिश्रम करने से भी नहीं घबराते।

श्री बिशन सिंह बेदी के हस्ताक्षर

हलकी और सीधी लाइनः ऐसे व्यक्ति जिस क्षेत्र में भी काम करते हैं, उसमें पूरी तरह से लीन हो जाते हैं। उस समय उन्हें अपने तन-बदन की भी कोई सुध नहीं रहती। अर्जुन की भांति उनकी दृष्टि अपने

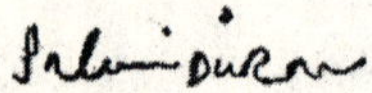

श्री सलीम दुरानी के हस्ताक्षर

लक्ष्य पर ही लगी रहती है। चित्त की एकाग्रता, कठोर कर्तव्यनिष्ठा और परिश्रम की भावना उन्हें अन्ततः सफल कर ही देती है।

13. द्रुतगामी अक्षर – द्रुतगामी लिखावट में अनेक परिवर्तन देखे जाते हैं। (1) अक्षर थोड़ा आगे की ओर को झुक जाते हैं। (2) अक्षर अस्पष्ट हो जाते हैं। (3) एक अक्षर पर दूसरा अक्षर चढ़ जाता

श्री हेमवती नन्दन बहुगुणा के हस्ताक्षर

है। ये सभी इस बात को स्पष्ट करते हैं कि व्यक्ति साहसी है और उसमें काम करने की भावना है। ऐसा व्यक्ति कभी निष्क्रिय नहीं बैठा

रह सकता। इसके साथ ही सुस्ती, आलस्य एवं अकर्मण्यता भी ऐसे व्यक्ति को सह्य नहीं होती।

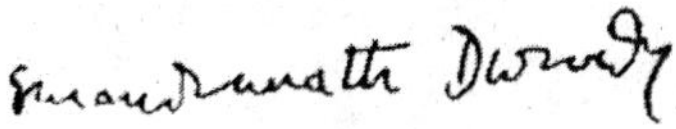

श्री सुरेन्द्रनाथ द्विवेदी के हस्ताक्षर

सीधे-सीधे काम हुआ, तो ठीक, अन्यथा ऐसे व्यक्ति दहाड़कर भी काम को पूरा करने में विश्वास रखते हैं। ऐसे व्यक्ति उत्साही और साहसी होते हैं। नीचे माईकल कॉलिन्स के हस्ताक्षर दिए जा रहे हैं जो पहली बार चाँद पर जाने वाले नील आर्मस्ट्रांग के पायलेट साथी थे। उनकी वाणी भी पूर्णतया स्पष्ट एवं खरी होती है। वे तीखी, निर्भीक

श्री माईकल कॉलिन्स के हस्ताक्षर

एवं निर्मम आलोचना में विश्वास रखते हैं तथा निरन्तर श्रम एवं उद्योग करते रहते हैं। भावना एवं बुद्धि पर उनका अद्भुत नियन्त्रण होता है और आनन-फ़ानन में कार्य करने में विश्वास करते हैं। मानसिक उदारता, सहिष्णुता एवं क्षमाशीलता ऐसे व्यक्ति के गुण कहे जाते हैं।

14. मिले-जुले अक्षर – हस्ताक्षर में एक-दूसरे से मिले-जुले अक्षर व्यक्ति की सहयोग भावना एवं उसकी कार्यकुशलता के परिचायक होते हैं। चाहे जितनी भी बाधाएं आयें, विपरीत परिस्थितियां कितनी ही राह रोकें, लक्ष्य तक पहुंचने में बाधक नहीं होतीं। सहनशीलता, जीवन शक्ति एवं अदम्य साहस में इनका कोई सानी नहीं होता। धैर्य, कर्तव्यनिष्ठा, क्षमाशीलता, क्रियाशीलता, कार्य के प्रति

उत्साह, सावधानी एवं मस्तिष्क पर अद्भुत नियन्त्रण ऐसे व्यक्ति की विशेषता होती है।

श्री नील आर्मस्ट्रांग के हस्ताक्षर

हिम्मत हार कर बीच में ही बैठ जाना अथवा काम को अधूरा छोड़ देना इनके वश की बात नहीं। ऊपर नील आर्मस्ट्रांग के हस्ताक्षर है जो विश्व के प्रथम ऐसे व्यक्ति है जिन्होंने चाँद पर पहला कदम रखा। ऐसे व्यक्ति समाज में सफल भी होते हैं तथा अपनी पूरी क्षमता से सामाजिक उत्तरदायित्व का निर्वाह करते हैं। ऐसे व्यक्ति सफल मित्र भी होते हैं। इनके व्यवहार में कुछ ऐसा चुम्बकीय आकर्षण होता है कि विरोधी को भी अपना बना लेना इनके लिए बायें हाथ का खेल होता है। ऐसे व्यक्ति सरलता से दूसरे के दृष्टिकोण को समझने का प्रयत्न करते हैं। ये पूर्वाग्रह से बंधे नहीं होते, अपितु प्रगतिशीलता इनका जन्मजात गुण होता है।

15. कोणदार अक्षर – ऐसे अक्षर बहुत कम हस्ताक्षरों में पाये जाते हैं, पर ऐसे हस्ताक्षर इस तथ्य के सूचक होते हैं कि हस्ताक्षरकर्ता में गज़ब की स्फूर्ति, धैर्य, गम्भीरता एवं उत्तरदायित्व वहन करने की क्षमता है। ऐसा व्यक्ति चारों ओर से विपरीत परिस्थितियों से घिरा होने पर भी विचलित नहीं होता और अपने आदर्शों के लिए बड़े-से-बड़े स्वार्थ को भी ठोकर मार देता है। ऐसा व्यक्ति अपनी धुन का धनी होता है और एक बार जो निर्णय कर लेता है, उस पर स्थिर रहता है, उसे बार-बार बदलता नहीं है। अपने वादे से मुकरता नहीं है। एक बार जिस मार्ग पर चल पड़ता है, उससे पीछे हटने का प्रश्न भी मन में नहीं आने देता।

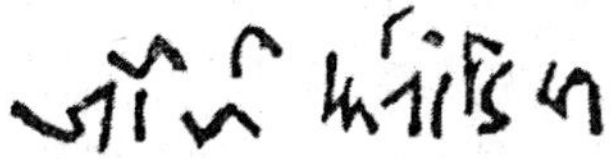

श्री जार्ज फ़र्नांडिस के हस्ताक्षर

ऐसे व्यक्ति की यही विशेषता होती है कि उसमें आत्मविश्वास कूट-कूटकर भरा होता है। चाहे जितना भी बड़ा काम हो, ऐसा व्यक्ति उससे भिड़ जाने को आतुर रहता है। प्रगतिशील विचारधारा, व्यवस्थित व्यक्तित्व एवं सामाजिक उत्तरदायित्व का निर्वाह इनकी विशेषताएं कही जा सकती हैं।

16. नोकदार अक्षर – नोकदार अक्षर प्रायः कम ही देखने को मिलते हैं। ऐसे व्यक्तियों में जहां एक ओर प्रबल जीवन-शक्ति समाहित होती है, वहीं दूसरी ओर ये निर्भय आलोचक भी होते हैं। ऊंचे से ऊंचे व्यक्ति का परदा फ़ाश करना, सरेआम उनकी आलोचना करना एवं उन पर तब तक प्रहार करते रहना, जब तक वह परास्त न हो जायें, इनके व्यक्तित्व की विशेषता होती है। इनके शत्रु एवं विरोधी इनसे घबराते हैं तथा इनके मित्र इनसे कतराते हैं।

श्री प्रकाशवीर शास्त्री के हस्ताक्षर

ऐसे व्यक्तियों में संगठन शक्ति बड़े ग़ज़ब की होती है। अपने विरोधियों को नियन्त्रण में रखना कोई इनसे सीखे। ऐसे व्यक्ति कुछ अक्खड़ एवं ज़िद्दी भी होते हैं। एक बार जो बात इन्हें जंच जाती है, उसके पीछे पड़ जाते हैं और तब तक उसकी पीछा नहीं छोड़ते जब तक कि वह पूरी न हो जाये। आत्मविश्वास में भी ये बेजोड़ होते हैं और विरोधी वातावरण में ही इनका व्यक्तित्व निखरता है। कूटनीति इनका प्रमुख गुण एवं इनकी सफलता की कुंजी होती है।

17. अधोरेखा — हस्ताक्षरों के नीचे अधोरेखा का होना इस तथ्य की सूचक होती है कि ऐसा व्यक्ति जो कुछ सोचता है अथवा जो उसके विचार हैं, वह उन पर दृढ़ रहता है तथा अपने जीवन में भी वह उतना ही दृढ़ होता है, जितना वह दिखाई देता है।

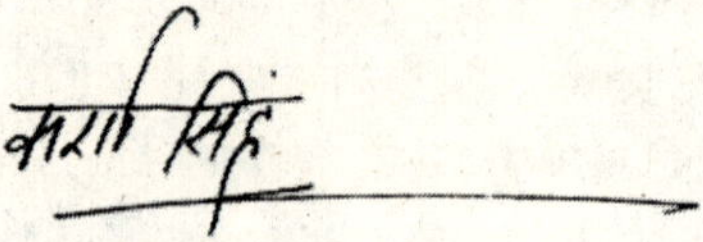

श्री कर्णसिंह के हस्ताक्षर

ऐसे व्यक्ति भावुक नहीं होते, इनका अपने मस्तिष्क पर पूरा नियन्त्रण होता है तथा उनमें भावना और बुद्धि का उचित सामंजस्य स्पष्ट देखा जा सकता है। ऐसे व्यक्ति अपनी गरिमा एवं शालीनता के महत्त्व को भी समझते हैं और उसे क्षति पहुंचाना इन्हें अभीष्ट नहीं होता। इनका अपनी वाणी पर भी पूर्ण नियन्त्रण होता है तथा प्रबल जीवन-शक्ति, पूर्ण आत्मविश्वास, नेतृत्व शक्ति, दृढ़ता एवं उत्तरदायित्व के प्रति निष्ठा इनके व्यक्तित्व की विशेषताएं कही जा सकती हैं।

स्पष्ट एवं गहरी अधोरेखा इनकी दृढ़ता की परिचायक होती है। यदि ऐसी अधोरेखा अन्त में पीछे की ओर मुड़ जाये, तो व्यक्ति की कुण्ठाओं और अभावों को व्यक्त करती है।

18. ऊपर की ओर उठते हुए अक्षर — ऐसे हस्ताक्षर व्यक्ति की भावुकता का परिचय देते हैं। ये इस तथ्य की सूचना देते हैं कि व्यक्ति के बुद्धि-पक्ष पर हृदय-पक्ष का आधिपत्य है। ऐसा व्यक्ति सरल, सहृदय तथा अपने मित्रों, सम्बंधियों एवं सहयोगियों के दुःख-सुख का सहभागी होता है। उसके हृदय में प्रेम, करुणा, ममता एवं स्नेह की अजस्र धारा प्रवाहित होती रहती है।

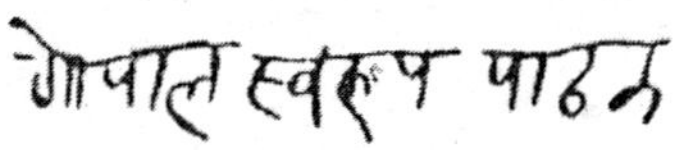

श्री गोपाल स्वरूप पाठक के हस्ताक्षर

ऐसे व्यक्ति प्रगतिवादी विचारधारा से सम्पन्न होते हुए भी पूर्ण रूप से आस्तिक होते हैं और उनका प्रत्येक कार्य ईश्वर को समर्पित होता है। ऐसे व्यक्ति प्रसन्नचित्त, निष्कपट, सरल हृदय और उत्साही होते हैं एवं अपने चारों ओर सुख एवं प्रसन्नता का वातावरण बनाये रखते हैं। ऐसे व्यक्ति न तो सुख में अत्यधिक प्रसन्न होते हैं और न दुःख में अधीर ही होते हैं। कर्म ही इनके जीवन का ध्येय होता है। अकर्मण्यता तो इनके पास फटकने भी नहीं पाती। ये निरन्तर सक्रिय रहते हैं तथा आशा, उत्साह, उमंग, नेतृत्व तथा सहयोग की भावना इनके विशेष गुण कहे जा सकते हैं।

19. बड़े और खुले हुए अक्षर — बड़े और खुले हुए अक्षर व्यक्ति की विशालहृदयता एवं उसके मानव-प्रेम का प्रतीक होते हैं। ऐसे हस्ताक्षर करने वाले व्यक्ति का व्यक्तित्व अत्यन्त व्यापक होता है। सक्रियता, उत्साह और कर्मपथ पर अबाध गति से आगे बढ़ने की भावना तथा परोपकारी कामों में लगे रहना ही इनकी विशेषता होती है।

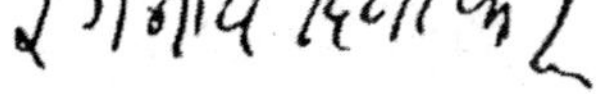

श्री रंगनाथ दिवाकर के हस्ताक्षर

लोगों से मिलने-जुलने एवं उन्हें अपने गुणों से वशीभूत करने में ऐसे व्यक्ति सिद्धहस्त होते हैं। दूसरों की समस्याओं को ध्यानपूर्वक सुनना और उन्हें सुलझाना इनका मुख्य उद्देश्य होता है।

20. छोटे-छोटे अक्षर — संकरे और छोटे-छोटे अक्षर व्यक्ति की महत्ता, उसके बुद्धिबल की अतुलनीयता तथा उसकी कर्मशीलता को

स्पष्ट करते हैं। ऐसे व्यक्ति का आदर्श वाक्य होता है "कर्मण्ये वाधिकारस्ते मा फलेषु कदाचन्"। गीता की यह उक्ति इन पर पूरी तरह से लागू होती है। स्वभाव में मृदुलता, विचारों में कोमलता, व्यवहार में शालीनता एवं जीवन में सौम्यता इनके व्यक्तित्व की विशेषता होती है तथा बहुत कम बोलना, उतना ही कहना, जितना आवश्यक हो इनका गुण होता है।

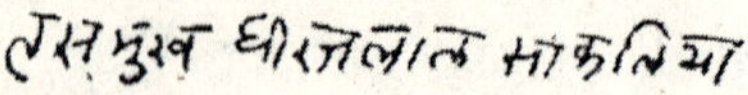

श्री हंसमुख धीरजलाल साकलिया के हस्ताक्षर

ऐसे व्यक्तियों का तार्किक पक्ष बहुत प्रबल होता है। ऐसे व्यक्ति अपने विचारों को जिस प्रकार प्रस्तुत करते हैं, वह देखते ही बनता है। ऐसे व्यक्ति अन्तर्मुखी प्रवृत्तिप्रधान होते हैं जो किसी भी बिन्दु पर अपना ध्यान एकाग्र कर सकते हैं।

21. अक्षरों का सम आकार – व्यवस्थित, सुन्दर एवं सम आकार वाले हस्ताक्षर व्यक्ति में उच्चकोटि की मानवता, शालीनता एवं उसकी श्रेष्ठता को उजागर करते हैं। ऐसे व्यक्तियों में मनुष्य मात्र के प्रति प्रेम होता है। इनका 'स्व' सीमित नहीं रहता, अपितु सार्वजनिक हो जाता है।

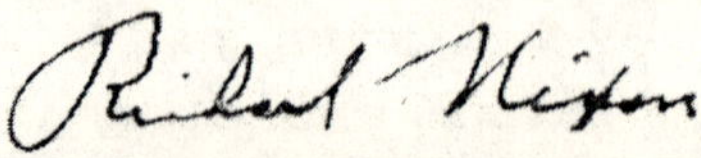

श्री रिचर्ड निक्सन के हस्ताक्षर

ऐसा व्यक्ति परिस्थितियों एवं अवसरों के अनुसार अपने को ढाल सकता है। अपनी प्रबल जीवन शक्ति के बल पर ऐसे व्यक्ति अपने

विरोधियों को परास्त एवं शान्त कर सकते हैं। इनके चेहरे की रहस्यमयी मुस्कान विरोधियों को भी भ्रम में डाल देती है।

अक्षरों का सम आकार जहां व्यवस्थित जीवन का परिचायक है, वहीं उनके आत्मनियन्त्रण को भी दर्शाता है। ऐसा व्यक्ति सावधानीपूर्वक एकाग्र चिन्तन कर सकता है तथा स्पष्ट एवं ओजस्वी वक्ता होने के साथ ही कुशल नेतृत्व करने में निपुण तथा स्पष्ट विचारों का धनी भी होता है।

धीर, गम्भीर, मृदुभाषी तथा बहिर्मुखी प्रवृत्तिप्रधान व्यक्ति हीन भावना को अपने पास फटकने भी नहीं देता। व्यवहारकुशल होने के साथ-साथ उसमें क्षमाशीलता का भाव भी होता है और अपने इन्हीं गुणों के आधार पर वह अपने लक्ष्य को भी प्राप्त कर लेता है।

22. अक्षरों का बायीं ओर को झुका हुआ होना — हस्ताक्षर करते समय कुछ व्यक्ति अपने अक्षर इस प्रकार बनाते हैं कि वे बायीं ओर को झुके हुए-से लगते हैं। ऐसा उस व्यक्ति का उतावलापन, व्यग्रता, मिलनसारिता तथा उसके दूसरों के प्रति आदर व प्रेम भावना को स्पष्ट करता है। ऐसा व्यक्ति अपने लक्ष्य के प्रति भी पूर्णतः सचेत रहता है और उचित अवसर पर प्रयत्न करके सफलता प्राप्त कर लेता है।

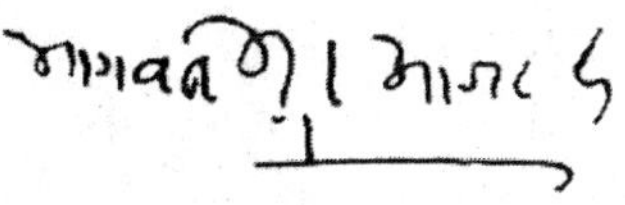

श्री भागवत झा आज़ाद के हस्ताक्षर

ऐसा व्यक्ति आत्मसंयमी भी होता है। उसे अपने पर पूर्ण भरोसा होता है और वह प्रत्येक काम को उत्साहपूर्वक सम्पन्न कर लेता है। ऐसे व्यक्ति का आत्मबल इतना प्रबल होता है कि वह किसी भी चुनौती को स्वीकार कर लेता है।

23. अक्षरों का दाहिनी ओर को झुका हुआ होना — अक्षरों का दाहिनी ओर को झुका हुआ होना व्यक्ति की गति को प्रदर्शित करता है। ऐसा तीव्र गति से लिखने के कारण होता है। हस्ताक्षर-विशेषज्ञों के अनुसार यह एक श्रेष्ठ गति होती है, जो व्यक्ति की अध्ययनप्रियता, उत्साह, निरन्तर परिश्रम करते रहने की भावना, नेतृत्वशक्ति, क्षमाशीलता, बहिर्मुखी प्रवृत्ति, स्वास्थ्य, गतिशीलता एवं उसकी प्रसन्नचित्तता को स्पष्ट करती है।

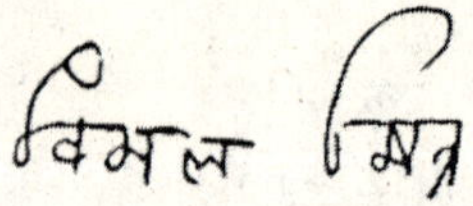

श्री विमल मित्र के हस्ताक्षर

ऐसा व्यक्ति संकीर्ण दायरों में बंधा नहीं रहता, अपितु उसका कार्यक्षेत्र व्यापक होता है। संकीर्ण रूढ़ियों में वह सहज नहीं हो पाता, अपितु वह तो सदा नवीनता को स्वीकार करता है। ऐसे व्यक्ति में आत्मविश्वास भी कूट-कूट कर भरा होता है। वास्तव में, उसे ही सामाजिक प्राणी कहा जा सकता है।

24. अक्षरों का पीछे की ओर झुका हुआ होना — कुछ अक्षर पीछे की ओर झुके हुए-से दिखाई पड़ते हैं। ऐसा उन अक्षरों की लम्बाई के कारण होता है। ऐसे हस्ताक्षरों से व्यक्ति का रहस्यमय होना प्रतीत होता है। ऐसा व्यक्ति गोपनीयता में अधिक विश्वास करता है।

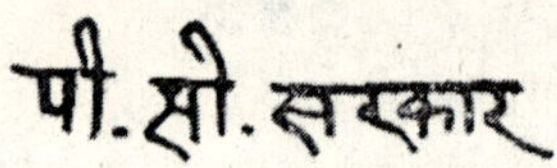

श्री पी. सी. सरकार के हस्ताक्षर

उसका स्वभाव शंकालु होता है और वह प्रत्येक कार्य में रहस्य खोजता रहता है। अतिरिक्त सावधानी ऐसे व्यक्ति के स्वभाव का अंग बन जाती है। सत्य को छिपाने की प्रवृत्ति तथा झूठ को सच एवं सच को झूठ सिद्ध करने की कला में ऐसे व्यक्ति निपुण होते हैं, परन्तु अन्धविश्वासी होने के कारण आलोचना से कतराते हैं और आत्मरक्षा के प्रति पूर्णतः सचेष्ट रहते हैं।

25. गोलाकार अक्षर — ऐसे हस्ताक्षर लेखनी के अतिरिक्त दबाव से ही सम्भव होते हैं, जिसके फलस्वरूप ऐसे व्यक्ति अपने को यथासम्भव रहस्यमय बनाये रहते हैं। ऐसे व्यक्ति बहुत कम बोलते हैं और इनकी प्रत्येक बात के एक से अधिक अर्थ निकलते हैं। ऐसे व्यक्ति अपने विचारों और भावों को हृदय में छिपाकर रखने में कुशल होते हैं।

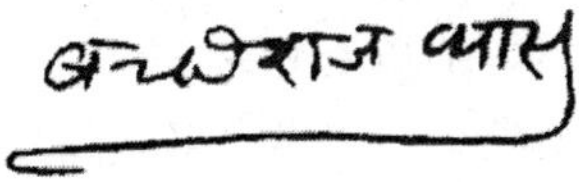

श्री बच्छराज व्यास के हस्ताक्षर

ऐसे व्यक्ति सरल हृदय होते हैं। इन्हें क्रोध भी कम ही आता है, परन्तु ये उग्रता को सहन नहीं कर पाते। ऐसे व्यक्ति बुद्धि को अधिक महत्त्व देते हैं तथा जिस कार्य को अन्य लोग बल से भी नहीं कर पाते, ऐसे व्यक्ति अपनी बुद्धि से कर दिखाते हैं। हास्य-विनोद एवं सहनशीलता इनके विशेष गुण होते हैं।

26. ऊपर को उठते हुए अक्षर — ऐसे हस्ताक्षर व्यक्ति के प्रबल पुरुषार्थ को व्यक्त करते हैं। बहुत ही कम लोगों के हस्ताक्षर इस श्रेणी में आते हैं। ऐसे व्यक्तियों में गज़ब का आत्मनियन्त्रण एवं जीवन-शक्ति होती है। खतरों से खुलकर खेलना इन्हें अभीष्ट होता है तथा कठिन एवं असम्भव कामों को करने का बीड़ा उठाने में इन्हें तनिक भी कष्ट

नहीं होता। उसे अपने अदम्य साहस एवं आत्मबल के भरोसे पर सम्पन्न कर दिखाते हैं।

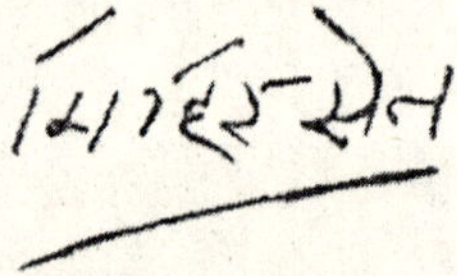

श्री मिहिर सेन के हस्ताक्षर

ऐसे ही व्यक्ति सच्चे और सफल कहलाते हैं। इनमें मानवता के सभी श्रेष्ठ गुण पाये जाते हैं। ऐसे व्यक्ति अपनी प्रखर बुद्धि के बल पर शीघ्र ही जनसाधारण में चर्चित हो जाते हैं। न्यायोचित आचरण, स्वच्छन्दता, आत्मसम्मान, सहृदयता, युवकोचित स्फूर्ति एवं सक्रियता इनके अनुपम गुण कहे जा सकते हैं।

27. प्रथम अक्षर का अलग होना – हस्ताक्षर में पहले अक्षर का अलग-थलग दिखना व्यक्ति की न्यायप्रियता का प्रतीक होता है। ऐसे व्यक्ति का आचरण न्यायोचित एवं गरिमायुक्त होता है तथा ऐसा व्यक्ति अपने जीवन में सदा निष्पक्ष बना रहता है।

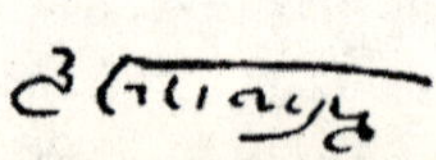

श्री हंसराज गुप्त के हस्ताक्षर

ऐसा व्यक्ति केवल आत्मसम्मान का भूखा होता है क्योंकि एक समान अक्षर व्यक्ति की सांस्कृतिक भावना एवं श्रेष्ठता को प्रदर्शित करते हैं।

अतः कहा जा सकता है कि मानव और उसका स्वभाव अद्भुत है; इसे समझना अत्यन्त दुष्कर कार्य है। व्यक्ति अपने जीवन में अनेक

लोगों के सम्पर्क में आता है और सबका न्यूनाधिक प्रभाव उस पर पड़ता है, परन्तु फिर भी उसकी मूल प्रवृत्तियों, परम्परागत पैतृक संस्कारों एवं स्वभाव में कोई अन्तर नहीं आता। उसका मूल चरित्र इन्हीं सब पर आधारित होता है।

व्यक्ति के इसी मूल चरित्र को पूर्ण स्पष्टता के साथ उजागर करने का श्रेष्ठ साधन उसके हस्ताक्षर हैं। वैज्ञानिक परीक्षणों ने सिद्ध कर दिया है कि व्यक्ति के हस्ताक्षर में उसका सम्पूर्ण चरित्र समाहित रहता है।

हस्ताक्षरों में बदलाव

अब एक प्रश्न उठता है कि क्या समय-समय पर लिखावट में परिवर्तन भी आता है? मेरा उत्तर है – हां, निश्चय ही लिखावट में परिवर्तन आता है। किसी भी व्यक्ति की आज से पांच वर्ष पहले जिस प्रकार की लिखावट थी, वैसी आज सम्भव नहीं हो सकती और आज से पांच वर्ष बाद ऐसी ही लिखावट रहेगी, यह भी सम्भव नहीं है। कुछ लोग समय-समय पर अपनी लिखावट बदल भी लेते हैं और कई बार तो यह लिखावट ऐसी बदली हुई होती है कि स्वयं के लिए भी उसे पहचानना सम्भव नहीं रह जाता।

यह कहना कि लिखने वाला अपनी लिखावट को बदल लेता है, सही नहीं होगा। इसके स्थान पर यह कहना अधिक सही होगा कि समय-समय पर व्यक्ति के व्यक्तित्व में आने वाला अन्तर ही इस लिखावट में अन्तर का कारण होता है।

यह परिवर्तन व्यक्ति की बौद्धिक क्षमता, वैचारिक परिवर्तन एवं उसकी मानसिक उन्नति अथवा अवनति के अनुरूप होता है। इसके अतिरिक्त सामयिक घटनाओं एवं मानसिक स्थितियों का भी लिखावट पर प्रभाव पड़ता है। आप उतावली में होंगे, तो निश्चय ही आपकी लिखावट भी घसीटी हुई होगी, परन्तु यदि लिखते समय आपकी मानसिक अवस्था सन्तुलित नहीं होगी, तो आपकी लिखावट भी

रुक-रुक कर चलेगी, अनेक जगह शब्द भी बदले हुए होंगे, काटे हुए होंगे, कई बार पूरा वाक्य ही काटकर पुनः लिखा हुआ होगा और वह कटा-छंटा रूप जिस प्रकार कागज़ पर उतरेगा, उससे आपकी मानसिक स्थिति का सही-सही रूप स्पष्ट हो सकेगा, इसमें तनिक भी सन्देह नहीं है।

इससे यह सिद्ध होता है कि लेखक की मानसिक स्थिति का प्रभाव उसकी लिखावट पर भी पड़ता है और मानसिक स्थिति का यह अन्तर अथवा परिवर्तन उसके स्वभाव, चरित्र, कार्यपद्धति एवं विचारों से भी सम्बद्ध है। अतः कागज़ पर लिखावट के रूप में जो चित्र उभरता है, वह व्यक्ति के आचरण, उसकी मानसिक स्थिति एवं व्यक्तित्व को पूरी क्षमता के साथ उजागर कर देता है। ऐसे में चतुर पारखी लिखावट को देखकर तुरन्त ही उस व्यक्ति के बारे में सही-सही जानकारी प्राप्त कर लेता है।

राबर्ट, मिलर, फ्रास्ट आदि सभी विश्वप्रसिद्ध भाषा-वैज्ञानिकों का मत है कि कोई भी व्यक्ति एक बार जो अक्षर लिख देता है, ठीक वैसा ही अक्षर, वह जीवन में दोबारा नहीं लिख सकता। अर्थात् क्षण विशेष में उसने किसी अक्षर को जिस रूप और प्रकार में लिखा है, ठीक उसी रूप और प्रकार में पुनः उसी अक्षर को लिख ही नहीं सकता। उदाहरणार्थ, यदि मैं एक पंक्ति में 'ल' को जिस प्रकार लिख दूँगा, ठीक उसी प्रकार में वैसा ही 'ल' अक्षर लिख सकना दोबारा सम्भव नहीं। इसका कारण उस क्षण विशेष की मानसिक परिस्थिति है। किन्हीं दो क्षणों में मानसिक परिस्थितियां एक-सी नहीं होतीं, इसलिए किन्हीं दो क्षणों में लिखे एक प्रकार के दो अक्षर एक समान नहीं होते। इसका तात्पर्य यह हुआ कि व्यक्ति की लिखावट पर उसकी मानसिक अवस्था का भी पूरा-पूरा प्रभाव रहता है।

मानसिक अवस्था के परिवर्तन के फलस्वरूप ही लिखावट पर पड़ने वाले प्रभाव के कारण हस्ताक्षर विज्ञान का वैज्ञानिक रूप मिल सका है और इसी को आधार बनाकर हम विश्वासपूर्वक कह सकते हैं कि इस प्रकार की लिखावट वाले व्यक्ति की मानसिक अवस्था ऐसी हो सकती है और उसका स्वभाव ऐसा हो सकता है।

मैं इस तथ्य को एक उत्तम उदाहरण द्वारा स्पष्ट करना चाहता हूँ। इस उदाहरण से पाठक समझ सकेंगे कि मानसिक अवस्था की हस्ताक्षर विज्ञान में महत्वपूर्ण भूमिका है।

नैपोलियन बोनापार्ट का व्यक्तित्व और उसकी असाधारण सफलताएँ जहाँ युद्ध-विशारदों के लिए पहेली बनी रहीं, वहाँ उसके जीवन के चमत्कारिक उतार-चढ़ाव विशेषज्ञों के लिए आश्चर्यप्रद भी थे। उसके जीवन में उन्नति के दिन आये तो अवनति के भी। आगे दिए गए नैपोलियन के हस्ताक्षर उसके जीवन की भिन्न-भिन्न मानसिक अवस्थाओं को स्पष्ट करते हैं। पाठक देखेंगे कि मानसिक अवस्थाओं का प्रभाव किस प्रकार उसके हस्ताक्षरों में भी पूर्ण रूप से प्रतिबिम्बित है।

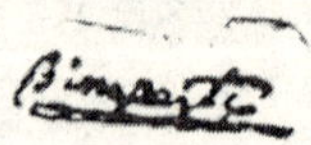

उपरोक्त हस्ताक्षर उस समय के हैं जब उसने केवल दो सप्ताह में ही छः युद्ध जीतकर निपुण युद्ध-विशारद होने का परिचय दिया था। उसके हस्ताक्षर स्वयं ही उसकी उच्चता तथा आत्मविश्वास को साकार रूप देते से दिखाई दे रहे हैं। हस्ताक्षरों में न अस्पष्टता है, न असन्तुलन, बल्कि इसके विपरीत स्पष्ट और आत्मविश्वास-पूर्ण उसके हस्ताक्षर उसकी उच्च मानसिक स्थिति को स्पष्ट कर रहे हैं।

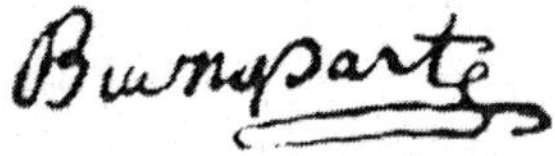

ऊपर दिए हुए हस्ताक्षर उस समय के हैं, जब इटली पूरी तरह से परास्त हो चुका था। इटली की इसी विजय ने नैपोलियन को प्रसिद्धि के साथ-साथ दृढ़ता और उच्चता भी प्रदान की थी। स्पष्ट, सीधे तथा गहरे हस्ताक्षर उसकी दृढ़ मानसिक परिस्थिति के साकार पुंज हैं।

ऊपर एक ही व्यक्ति के दो हस्ताक्षर हैं, पर दोनों में ही अन्तर है। दोनों दो विभिन्न समय के किए हुए हैं तथा दोनों ही दो विशिष्ट मानसिक स्थितियों के द्योतक हैं। गहरे, सपाट तथा स्पष्ट हस्ताक्षर जहाँ दृढ़ता, आत्मविश्वास तथा निपुणता का परिचय देते हैं, वहाँ दोनों किनारों पर सिमटे व हल्के उभरे हुए हस्ताक्षर ढुलमुल मनस्थिति के द्योतक हैं। आगे दिये गये नैपोलियन के हस्ताक्षर उस समय के हैं, जब 1769 में उसने मिस्र पर हमला किया था, पर वह हमला कारगर न हो पाया था।

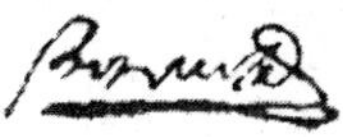

धनी, घमण्डी और सत्ता के मद में चूर हुए व्यक्ति के हस्ताक्षर गहरे और विरल होते हैं। आगे दिये गये नैपोलियन के हस्ताक्षर पुकार-पुकार कर इस कथन की पुष्टि करते से प्रतीत होते हैं। ये हस्ताक्षर 1904 के हैं, जब नैपोलियन फ्रांस के सम्राट बन कर सत्ता और मद के नशे में चूर हो गये थे। हस्ताक्षर उसकी इसी मनस्थिति को स्पष्ट करते हैं।

नैपोलियन के निम्न हस्ताक्षर उस समय के हैं, जब उसने 'आस्टरलिट्ज़' पर विजय प्राप्त कर ली थी और वह द्रुतगति से आगे बढ़ने के मनसूबे बाँध रहा था। हस्ताक्षर स्वयं आगे की ओर भागते हुए से प्रतीत होते हैं और नैपोलियन के अग्रसर होने की मनस्थिति का रहस्योद्‌घाटन कर रहे हैं।

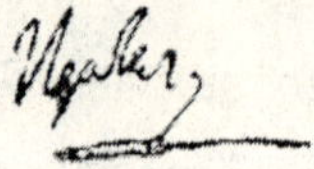

परन्तु जहाँ नैपोलियन अन्य स्थानों पर विजय पर विजय प्राप्त करता रहा, वहाँ रूस में उसे प्रबल पराजय का भी सामना करना पड़ा। वह रूस से भिड़ तो गया था, पर जीत उसे दूर बहुत दूर दिखाई पड़ने लगी थी। इतिहास साक्षी है कि उन दिनों वह कितना उग्र, चिड़चिड़ा और बेचैन-सा दिखाई देता था। उसकी यह बेचैनी ही उसके निम्न हस्ताक्षर में स्पष्ट झलक रही है।

पर इसके विपरीत 'बर्लिन की संधि' में उसके किए गए हस्ताक्षर जहाँ उसकी सफलता बता रहे हैं, वहाँ आत्मसन्तोष भी। ऊपर की ओर उठे हुए हस्ताक्षर उसकी विजय, सफलता और उसके मन का सन्तोष सही रूप में उजागर करते से प्रतीत होते हैं।

नैपोलियन एक सहृदय प्रेमी भी था। अपनी प्रेमिका को लिखे उसके पत्र हमारे इस कथन के साक्षी हैं, पर उस कोमल हृदय के आगे अनुशासन का मोटा लौहद्वार भी लगा था। विजय प्राप्त करते रहना

उसकी इच्छा थी तो आगे ही आगे बढ़ते रहना उसका ध्येय। 1906 में उसने एक मार्शल को तेज़ करने की आज्ञा पर जो हस्ताक्षर किए थे, वे (नीचे के हस्ताक्षर) उसकी इस मानसिक अवस्था को प्रतिबिम्बत करते हैं।

छोटे और उड़ते हुए-से हस्ताक्षर व्यक्ति की असाधारण जीत के सूचक होते हैं। निम्न हस्ताक्षर उस समय के हैं, जब नैपोलियन ने वियना पर विजय प्राप्त कर ली थी। पाठक स्वयं इस अवसर के नैपोलियन के हस्ताक्षर का सूक्ष्म अध्ययन करें, हस्ताक्षर जीत की मनस्थिति और आन्तरिक आह्लाद को प्रकट करते से प्रतीत होते हैं।

क्रोधातिरेक में मानसिक स्थिति असन्तुलित हो जाती है, धमनियों पर खून का दबाव बढ़ जाता है और मस्तिष्क में क्रूर 'सैलों' का आधिक्य हो जाता है। ऐसे समय में व्यक्ति के हस्ताक्षर भी असन्तुलित, ऊबड़-खाबड़ तथा असम्बद्ध हो जाते हैं। क्रोधातिरेक में जब नैपोलियन ने 'मास्को' को जला देने की आज्ञा पर हस्ताक्षर किए थे (नीचे) तब उसका मस्तिष्क क्रोधाभिभूत था और उसका यही क्रोध, मानसिक

असम्बद्धता और असन्तुलन उसके हस्ताक्षरों में भी अनजाने ही स्पष्ट हो गया था। नीचे के हस्ताक्षर इस बात की पुष्टि कर रहे हैं।

जैसा कि मैं ऊपर कह चुका हूँ कि नैपोलियन जहाँ उन्नति के सर्वोच्च शिखर पर पहुँचा, वहीं उसका अध:पतन भी पराकाष्ठा तक पहुँचा। उन्नति तथा प्रगति की ओर बढ़ते-बढ़ते जब लीपजिग के युद्ध में उसे पराजय का सामना करना पड़ा तो उसका उत्साह मंद पड़ गया, उसका मन खण्ड-खण्ड हो गया। नीचे के हस्ताक्षर उसके खण्डित मन के परिचायक हैं।

भग्न हृदय से किए गए हस्ताक्षर जहाँ उखड़े-उखड़े-से प्रतीत हो रहे हैं, वहीं निराशापूर्ण मनस्थिति के समय के हस्ताक्षर टूटे हुए-से, छिन्न-भिन्न तथा कुछ असम्बद्ध से हो जाते हैं। आगे नैपोलियन के उस समय के हस्ताक्षर हैं, जब 1914 में उसे जबरन गद्दी त्यागनी पड़ी। हस्ताक्षर उसकी नैराश्यपूर्ण मानसिक स्थिति को स्पष्ट कर रहे हैं।

1915 के आस-पास नैपोलियन ने राजनीति से सन्यास-सा ले लिया था। उसे उसका भविष्य अंधकारपूर्ण प्रतीत हो रहा था। धीरे-धीरे उसके सभी मित्र उससे दूर हटते जा रहे थे और वह जीवन में एकांकीपन तथा निराशा का अनुभव कर रहा था। निम्न हस्ताक्षर उसकी इसी निराशापूर्ण मनस्थिति के द्योतक हैं।

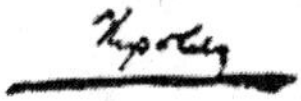

ऊपर मैंने एक ही व्यक्ति के तेरह भिन्न-भिन्न मनस्थितियों के हस्ताक्षर देकर पाठकों के सामने यह स्पष्ट करने का प्रयास किया है कि व्यक्ति की लिखावट या हस्ताक्षर पर समय विशेष के वातावरण एवं मनस्थिति का भी पूर्ण प्रभाव रहता है और इस प्रकार हम हस्ताक्षरों के माध्यम से सम्बन्धित व्यक्ति की मनस्थिति का सही-सही परिचय प्राप्त कर सकते हैं।

लिखावट में प्रयोग होने वाले साधन

भौतिक साधनों का भी लिखावट पर प्रभाव पड़ता है। प्रकाश, लिखने की मेज़ और बैठने का ढंग – इन सबका प्रभाव भी लिखावट पर पड़ता है। प्रकाश की कमी से लिखावट पर दबाव बढ़ जाता है। इसी प्रकार खड़े होकर या तिरछे बैठकर लिखने से अथवा कलम के सुचारु रूप से न चलने पर भी लिखावट में अन्तर आता देखा गया है। रेल के डिब्बे अथवा मोटरकार में बैठे-बैठे लिखने पर अन्तर आना स्वाभाविक है, पर यह कारण कृत्रिम हैं। हस्ताक्षर अथवा हस्तलेख विशेषज्ञ इन कारणों को ऊपरी आवरण मानते हैं। उनके अनुसार लिखावट के मौलिक स्वरूप पर इनका कोई प्रभाव नहीं पड़ता।

इसके अतिरिक्त भिन्न-भिन्न भाषाओं को लिखने का ढंग भी अलग-अलग है। उदाहरणार्थ, उर्दू भाषा दाहिनी ओर से बायीं ओर को

जाती हुई लिखी जाती है, जबकि हिन्दी भाषा बायीं ओर से दाहिनी ओर को लिखी जाती है। गुजराती भाषा में अक्षरों पर शिरोरेखा नहीं लगायी जाती, तो अंग्रेज़ी में अक्षर परस्पर जुड़े हुए होते हैं, परन्तु यह अन्तर भी बाह्य ही हैं। लिखावट के मौलिक स्वरूप पर इनका प्रभाव नहीं के बराबर होता है।

मूल रूप से प्रत्येक लिखावट अथवा हस्ताक्षर में रेखाएं होती हैं, अक्षरों की लम्बाई-चौड़ाई होती है, जिसके अनुपात में थोड़ा-सा भी अन्तर आने पर अक्षर बेडौल-से लगने लगते हैं। इसी प्रकार प्रत्येक भाषा में बिन्दु, रेखा, चिन्ह, अक्षरों का निश्चित आकार-प्रकार, विराम, विसर्ग आदि सब समान होते हैं और यही लिखावट के मूल आधार हैं, जिनके सहारे हस्ताक्षर विशेषज्ञ किसी निष्कर्ष पर पहुंचता है।

मैं पहले ही लिख चुका हूं कि व्यक्ति की मानसिक स्थितियों में परिवर्तन होने पर उसके अक्षरों की बनावट तथा उसकी लिखावट में अन्तर आता है। जब चित्त अस्थिर होता है, मानसिक स्थिति सन्तुलित नहीं होती, तो लेखनी को संचालित करने वाले हाथ भी सन्तुलित नहीं रहते, उनके स्नायुओं में भी परिवर्तन आता है। क्रोध, खीझ, परेशानी आदि की अवस्था में हमारी लेखनी बार-बार रुक जाती है या कुछ अटक-अटक कर चलती है और उसे वह गति प्राप्त नहीं होती, जो स्वाभाविक स्थिति में होती है। इस प्रकार की लिखावट से ही हस्ताक्षर विशेषज्ञ लिखने वाले की मानसिक अवस्था तक पहुंकर सही निर्णय प्राप्त करने में सफल होता है।

जो व्यक्ति दृढ़ विचारों वाले होते हैं, उनमें चंचलता, छिछोरापन एवं हलकी मनोवृत्ति का अभाव रहता है। ऐसे व्यक्ति विपरीत परिस्थितियों में भी अपना धीरज नहीं खोते, आगे ही आगे बढ़ते रहते हैं। इस प्रकार के लक्षण उनकी लिखावट में भी देखे जा सकते हैं। स्थिर, सुडौल तथा समानुपातिक ढंग से लिखे हुए अक्षर इस बात का संकेत देते हैं कि व्यक्ति स्थिर, समझदार, दृढ़ व्यक्तित्वसम्पन्न एवं विवेकशील है।

ऐसे व्यक्तियों की लिखावट भी स्थिर एवं सपाट होती है। उनके अक्षर न ऊंचे-नीचे होते हैं और न ही छोटे-बड़े होते हैं। सभी अक्षर सुडौल एवं क्रमबद्ध होते हैं परन्तु इसके विपरीत चंचल एवं अस्थिरमति व्यक्तियों की लिखावट में चंचलता स्पष्ट दिखाई देती है। उनकी मात्राएं तथा अक्षरों की असमानता व अक्रमबद्धता उनके व्यक्तित्व का परिचायक होती हैं।

हस्ताक्षरों का विश्लेषण करते हुए निम्नलिखित तथ्य हमेशा अपने सामने रखने चाहिएं –

1. हस्ताक्षर का अध्ययन धैर्यपूर्वक, शान्त चित्त होकर करें, हड़बड़ी या उतावली से नहीं।
2. हस्ताक्षर का अध्ययन करते समय दूसरों के कथन पर अधिक ध्यान देने की बजाय एकाग्रचित्त होकर अपने अनुभवों पर ही अधिक आश्रित रहें।
3. हस्ताक्षर का छोटा-सा बिन्दु भी आपके लिए उपयोगी है, अत: किसी भी बिन्दु, विराम या चिन्ह के प्रति लापरवाही मत बरतिए अपितु उस पर भली-भांति ध्यान दीजिए।
4. हस्ताक्षरों की मोटाई अथवा दुर्बलता, हस्ताक्षरों का ऊर्ध्वगामी अथवा अधोगामी होना अथवा उनका पीछे या आगे की ओर झुकते हुए चलना आदि बातों पर पूर्ण ध्यान दीजिए।
5. हस्ताक्षर अपने आप में रहस्य हैं; बल्कि रहस्यपुंज हैं, अत: धीरे-धीरे उसके रहस्य की पर्तों को उघाड़िए और समझने का प्रयत्न कीजिए।

6. अपनी दृष्टि को पैनी और सूक्ष्म बनाइए तथा हस्ताक्षरों का इस प्रकार से अवलोकन कीजिए कि कोई भी नुक्ता आपकी नज़र से चूके नहीं।

7. हस्ताक्षर कम से कम जगह घेरता है, पर बड़े-से-बड़े रहस्य की सृष्टि करने में समर्थ है। इस उक्ति को सदैव स्मरण रखिए।

8. हस्ताक्षर का प्रत्येक अक्षर अपने आप में एक इतिहास समेटे हुए है, जो पुकार-पुकार कर अपनी कहानी कहता है। आपको चाहिए कि आप अपने कान इस योग्य बनाएँ कि उनकी पुकार सुन सकें, समझ सकें।

9. जहाँ तक हो सके, गुत्थियों एवं पेचीदगियों से घबराएँ नहीं, धीरे-धीरे उनका अध्ययन करते रहें, सारी कहानी अपने आप आपके सामने स्पष्ट हो जाएगी।

यदि आप उपर्युक्त नौ महत्त्वपूर्ण सूत्रों को ध्यान में रखेंगे तो निश्चय ही आप सफल होंगे तथा सफल हस्ताक्षर विशेषज्ञ बन सकेंगे, इसमें कोई सन्देह नहीं।

ऊपर नैपोलियन के अलग-अलग हस्ताक्षर एक ही व्यक्ति के होते हुए भी अलग-अलग से प्रतीत होते हैं, इसका मूल कारण तत्कालीन मानसिक परिस्थितियाँ हैं।

तत्कालीन मानसिक परिस्थितियों के कारण ही हस्ताक्षरों में न्यूनाधिक अन्तर होते हुए भी उसके मूलस्वरूप में कोई अन्तर नहीं पड़ता। हस्ताक्षर का मूल स्वरूप जहाँ व्यक्ति के सम्पूर्ण व्यक्तित्व को उद्घाटित करता है, वहाँ न्यूनाधिक अन्तर उसकी मानसिक परिस्थितियों को स्पष्ट करता है। अतएव हमें चाहिए कि हम हस्ताक्षरों का विश्लेषण शान्त चित्त से धैर्यपूर्वक करें, हड़बड़ी और उतावली में नहीं।

हस्ताक्षर और जालसाज़ी

लिखावट में जालसाज़ी

हम प्राय: समाचारपत्रों में जालसाज़ी के समाचार पढ़ते हैं। ऐसा व्यक्ति की लिखावट में जालसाज़ी करने से ही सम्भव हो पाता है। ऐसा ही एक प्रसिद्ध और महत्त्वपूर्ण केस है – हावर्ड ह्यूस की आत्मकथा की जालसाज़ी का प्रयास। ह्यूस अमेरिका के एक एकान्तप्रिय अरबपति थे जिन्हें लोगों से मिलने-जुलने में कोई रुचि न थी। कई वर्ग मीलों तक फैली एक लम्बी चौड़ी सम्पत्ति में वह लगभग अकेले रहते थे। चूंकि जनता की धारणा में, वह एक रहस्यमयी व्यक्ति थे, उनके निजी जीवन के बारे में कई अटकलें लगायी जाती थीं। उनके जीवन के कथित रहस्यों पर, समय-समय पर, अनेक लेख समाचार पत्र और पत्रिकाओं में भी प्रकाशित होते रहते थे। विश्व के सबसे अधिक धनी लोगों में उनका नाम लिया जाता था। 1960 के दशक में हैराल्ड रॉबिन्स ने 'कार्पेट बैगर्स' नामक एक अत्यन्त लोकप्रिय और बहुचर्चित उपन्यास लिखा जिसका मुख्य पात्र हावर्ड ह्यूस के समान था; उपन्यास बेहद लोकप्रिय हुआ, विश्व की अनेक भाषाओं में उसकी लाखों प्रतियां बिकीं और फिल्म भी बनी।

लगभग उसी समय किल्फर्ड इर्विन्ग नाम के एक अन्य सुपरिचित लेखक ने अमेरिका के सबसे बड़े पुस्तक प्रकाशक मैकग्रा हिल को

एक पांडुलिपि भेजी और कहा कि यह हार्वड ह्यूस की अधिकृत जीवनी है जिसे स्वयं ह्यूस ने क्लिफर्ड इर्विन्ग द्वारा लिखवाया है। सबूत के बतौर लेखक ने प्रकाशक को हावर्ड ह्यूस द्वारा लिखित अनेक पत्र दिये और साथ ही ह्यूस द्वारा पांडुलिपि के सम्पादन के प्रमाण भी। क्योंकि ह्यूस एक वैरागी थे, प्रकाशक ने लेखक इर्विन्ग द्वारा दिये गये ह्यूस के पत्रों, उनके हस्ताक्षरों एवं पांडुलिपि पर अनेक स्थानों पर उनके द्वारा लिखित टिप्पणी की पुष्टि और प्रामाणिकता स्थापित करने के लिए हस्तलेख विशेषज्ञों की संस्था ओसबोर्न एसोशिएटस को नियुक्त किया। विशेषज्ञों द्वारा ह्यूस के हस्तलेख की प्रामाणिकता निसन्देह स्थापित होने के बाद प्रकाशक ने लेखक को एक बड़ी रकम देकर वह पांडुलिपि खरीद ली। उन्हें पूरा विश्वास था कि यह एक बहुचर्चित और सनसनीखेज़ पुस्तक होगी और ह्यूस के निजी जीवन से पर्दा उठ जायगा। मैकग्रा हिल प्रकाशक ने पुस्तक प्रकाशन की धूमधाम से घोषणा कर दी।

अगले कुछ महीनों में जो हुआ वह इस पुस्तक प्रकाशन की घोषणा से कहीं अधिक सनसनीखेज़ समाचार-चर्चा का विषय बन गया। ह्यूस ने अमेरिका के सभी प्रमुख समाचार पत्रों में विज्ञापन देकर यह कहा कि कथित लेखक क्लिफर्ड इर्विन्ग से वह पूर्णतः अपरिचित हैं और कभी उनसे मिले तक नहीं है और न ही कभी उन्हें देखा है। प्रकाशक चिंतित हो गये; मामला एक धनवान और प्रतिष्ठित व्यक्ति के सम्मान का था। अतः पुस्तक पांडुलिपि, ह्यूस द्वारा लिखित पत्र, सम्पादित टिप्पणियां प्रकाशक ने पुनः निरीक्षण के लिए विशेषज्ञों को भेज दीं। ह्यूस ने भी अपने हस्तलेख के अनेक सबूत और नमूने उसी विशेषज्ञ संस्था को दिये। न्यूयार्क पुलिस भी इस घटना पर छानबीन करने लगी।

हस्तलेख और हस्ताक्षर विशेषज्ञों की संस्था ओसबोंन एसोशिएटस ने पुनः सभी पुराने और नये दस्तावेज़ों का निरीक्षण किया और आखिर मजबूर होकर स्वीकार किया कि पांडुलिपि और अन्य सभी दस्तावेज़ जो इर्विन्ग ने प्रकाशक को दिये थे, वह जाली थे। अपने सार्वजनिक बयान में उन्होंने कहा – 'कि यह जालसाजी का एक शानदार उदाहरण था, एक बेमिसाल प्रयास'।

न्यूयार्क पुलिस के विशेषज्ञों ने इसे जालसाज़ी की एक अभूतपूर्व घटना कहा और विश्व के सभी हस्ताक्षर और यह प्रयास हस्तलेख विशेषज्ञों के लिए अनिवार्य अध्ययन सामग्री बन गया। आज भी यह जालसाज़ी का एक क्लासिक केस माना जाता है – एक ऐसा केस जो दस्तावेज़ों की पहचान और सत्यापन के बुनियादी उसूलों को उजागर करता है – हस्ताक्षरों का मूल्यांकन और प्रमाणीकरण अधिक से अधिक वास्तविक हस्ताक्षरों के साथ तुलना पर आधारित होना चाहिए।

अतः लिखावट की मूल रचना पर ध्यान देना आवश्यक होगा। कोई भी व्यक्ति अपनी लिखावट को सहज प्रवाह में और स्वाभाविक गति से लिखता है, परन्तु जालसाज़ की स्थिति इसके विपरीत होती है। वह धीरे-धीरे और एक-एक अक्षर की बनावट पर ध्यान देकर ठीक वैसा ही लिखने का प्रयत्न करता है। ऐसी लिखावट में न स्वाभाविक गति होती है और न स्वछन्द विकास, अपितु उसका यह कार्य, लेखन की अपेक्षा चित्रकारी होता है। वह प्रत्येक चिन्ह को गढ़ता है तथा उसे बनाने की चेष्टा करता है। ऐसी लिखावट को लिखावट नहीं कहा जा सकता। परन्तु इतना होने पर भी गढ़ी हुई लिखावट पहचान ली जाती है और असली-नकली का भेद सामने आ ही जाता है। इस भेद को पहचानने के लिए आगे दिये जा रहे सूत्रों को जानना बहुत आवश्यक है।

1. गढ़ी हुई लिखावट प्रयत्न करने पर भी अस्थिर-सी दिखाई देती है।

2. सावधानीपूर्वक देखने पर प्रत्येक अक्षर की स्याही में अन्तर दिखाई देता है। यद्यपि यह अन्तर बहुत सूक्ष्म होता है, पर अनुभवी आंखें इसे पहचान ही लेती हैं।

3. यद्यपि यह कार्य अनुभवी एवं प्रशिक्षित हस्तलेख विशेषज्ञों द्वारा ही सम्भव है, तथापि यह तो स्पष्ट है कि नक़ली हस्ताक्षर अस्थिर एवं चंचल-से होंगे।

4. अपराधी चाहे जितना भी चतुर क्यों न हो, कहीं-न-कहीं वह ऐसी भूल कर ही जाता है और वह भूल ही उसको आसानी से पकड़वा देती है।

5. हस्ताक्षर विशेषज्ञों के लिए बिन्दु, रेखा व चिन्ह आदि पर विशेष ध्यान देना आवश्यक है क्योंकि अपराधी को पकड़वाने में यही सर्वाधिक सफल जासूस सिद्ध होते हैं।

6. अक्षरों पर अधिक ध्यान नहीं देना चाहिए, अपितु अक्षरों की बनावट, अनुपात व लम्बाई-चौड़ाई पर ध्यान देना बहुत आवश्यक होता है।

7. मूल हस्ताक्षरों के किसी भी चिन्ह अथवा बिन्दु को नगण्य मत समझिये क्योंकि जिसे आप नगण्य समझते हैं, वही आपका सर्वाधिक सबल साथी सिद्ध हो सकता है।

8. यथासम्भव आवर्धक लैंस का प्रयोग कीजिये, ताकि अक्षरों की मूल बनावट को भली प्रकार जांचा जा सके ।

9. ऊबड़-खाबड़ अथवा अधोगामी या ऊर्ध्वगामी अक्षरों को समझने का प्रयास कीजिये। सपाट, सरल एवं स्वच्छन्द गति से लिखे गये हस्ताक्षरों पर भी ध्यान दीजिये, अन्तर अपने आप स्पष्ट हो जायगा।

10. जहां तक हो सके, तुरन्त किसी निर्णय पर मत पहुंचिये, धैर्यपूर्वक एवं गम्भीरता से हस्ताक्षरों का मिलान कीजिये, तत्पश्चात् ही कोई राय स्थिर कीजिये।

यदि आप उपर्युक्त दस सूत्रों को ध्यान में रखेंगे, तो अवश्य ही सफल होंगे।

1968 की एक घटना है। एक बैंक में किसी व्यक्ति ने जाली हस्ताक्षर करके किसी खातेदार के दो हज़ार रुपये निकाल लिये। खातेदार ने जब अगली बार अपने खाते में दो हज़ार रुपये कम देखे तो वह बैंक-मैनेजर से मिला। बैंक-मैनेजर ने जाँच-पड़ताल की और 'विड्रॉल' (Withdrawal) फार्म की स्लिप उसके सामने रख दी जिस पर हस्ताक्षर भी मौजूद थे और निकाली गई रकम भी। वहाँ अपने हस्ताक्षर देखकर खातेदार दुःखमिश्रित आश्चर्य में पड़ गया। उसने स्पष्ट किया कि ये हस्ताक्षर मेरे हस्ताक्षरों जैसे दिखाई अवश्य देते हैं, पर ये मेरे हस्ताक्षर नहीं हैं। मैंने इस तारीख को कोई रकम नहीं निकाली। मैनेजर आश्चर्य में पड़ गया। पुलिस में केस देने से पहले वह स्वयं जांच-पड़ताल कर लेना चाहता था। उसने हस्ताक्षर विशेषज्ञ मिस्टर तिवारी को बुलाया। तिवारी ने पाँच-सात मिनट तक जाँच की और घोषणा कर दी कि खातेदार के हस्ताक्षर और ये हस्ताक्षर एक ही हैं और खातेदार कोरा झूठ बोल रहा है, लेकिन खातेदार ने पुलिस केस बनाने की धमकी दी और इस सम्बंध में वाद-विवाद उग्रतर रूप धारण कर ही रहा था कि मैं अचानक ही बैंक-मैनेजर से किसी कार्यवश मिलने के लिए उनके दफ्तर में जा पहुँचा। वाद-विवाद मेरे लिए भी रोचक था। बैंक मैनेजर ने खातेदार के हस्ताक्षर तथा विड्रॉल फार्म (Withdrawal form) पर के हस्ताक्षर मेरे सामने रखते हुए मुझसे कहा – डॉक्टर श्रीमाली! यू सी, क्या ये दोनों हस्ताक्षर एक नहीं हैं?

मैं तीन-चार मिनट तक दोनों हस्ताक्षरों को ध्यानपूर्वक देखता रहा, कहीं कोई अन्तर नहीं दिखाई पड़ रहा था, पर मेरी ज्ञानेन्द्रिय मुझे बार-बार चेतावनी दे रही थी कि ये हस्ताक्षर नकली हैं।

मैंने एक बार पुन: आवर्धक शीशे (Magnifying Glass) शीशे से दोनों हस्ताक्षरों का मिलान किया और स्पष्ट कह दिया कि विड्रॉल फार्म पर के हस्ताक्षर नकली हैं।

मैनेजर को काटो तो खून नहीं। वह बोला – मिस्टर श्रीमाली एक बार फिर ध्यान से देखिए, मिस्टर तिवारी ने अभी-अभी दोनों हस्ताक्षरों को एक ही बताया है, यह रहा उनका प्रमाण पत्र। और उसने मिस्टर तिवारी द्वारा दिया हुआ प्रमाण पत्र मेरे सामने रख दिया।

मैंने कहा – मैनेजर साहब, ठीक है। भूल इन्सान से ही होती है और कुछ ऐसी ही भूल मिस्टर तिवारी भी कर बैठे हैं। पहले हस्ताक्षर जहाँ शान्त मनस्थिति के द्योतक हैं, वहाँ विड्रॉल फार्म पर के हस्ताक्षर हड़बड़ी और आशंकापूर्ण मनस्थिति में किये गये हैं। और मैंने इसी प्रकार के सूक्ष्म अन्तर उनके सामने स्पष्ट किये।

वे इसे मान गए, पुलिस में रिपोर्ट की गई और गुप्तचर दस्ते की सहायता से अपराधी पकड़ा गया।

ऊपर का उदाहरण मेरे जीवन के अनेक अनुभवों में से एक है। उपरोक्त दोनों उदाहरण देने का तात्पर्य पाठकों को केवल यह समझाना है कि मात्र दोनों हस्तलेख या हस्ताक्षर एक जैसे होने से ही उन्हें एक ही व्यक्ति के मान बैठना भूल होगी। इसी प्रकार न्यूनाधिक अन्तर देख, एक ही व्यक्ति के दो हस्तलेख या हस्ताक्षर दो भिन्न-भिन्न व्यक्तियों के हस्तलेख अथवा हस्ताक्षर मान बैठना भी बड़ी भारी भूल होगी।

हस्ताक्षर विज्ञान: कुछ अनुभव

यह विश्व अद्‌भुत है, आश्चर्यजनक है और प्रतिदिन तथा प्रतिक्षण बदलता रहता है। यहां इतने स्त्री-पुरुष हैं कि उनकी सही-सही गणना करना भी असम्भव है। यदि इन असंख्य स्त्री-पुरुषों को देखें, तो इनमें से प्रत्येक अपनी अलग ही सत्ता रखने में समर्थ है। सबकी मानसिक वृत्तियां अलग हैं, विचार अलग हैं और उनका अपना स्थान भी अलग है। इस प्रकार मानव अलग रूप में भी अद्‌भुत हैं, विलक्षण हैं और आश्चर्यजनक हैं।

इन सबको समझना असम्भव तो नहीं, कठिन ज़रूर है। इन्हें समझने के लिए हम इन्हें निम्नलिखित चार वर्गों में बांट लेते हैं :

1. संसार की अधिकतर जनसंख्या सामान्य वर्ग में ही आती है। इसे सामान्य या साधारण व्यक्ति भी कहा जा सकता है। इस वर्ग में श्रमजीवी भी हैं, तो बुद्धिजीवी भी हैं। अपने-अपने क्षेत्र में सभी कुशल हैं। कोई सामान्य स्तर से ऊंचा उठा हुआ है, तो कोई उससे कुछ नीचे, कोई भारी एवं साहसिक कार्य करने में समर्थ है, तो कोई बुद्धि-बल एवं दांव-पेंच में विलक्षण है। कुछ ईमानदारी से जीवनयापन करने के इच्छुक हैं, तो कुछ लूट-खसोट व बेईमानी से सम्पन्न होने को श्रेयस्कर मानते हैं, लेकिन इतना होने पर भी वे सभी साधारण वर्ग में रखे जा सकते हैं।

2. दूसरा वर्ग ऐसा है, जो इस सामान्य सामाजिक स्तर से बहुत नीचे अर्थात निम्न स्तरीय है। उनका आदर्श चोरी, डकैती, नशा, व्यभिचार आदि है। ऐसे व्यक्तियों का चरित्र भी अलग-अलग होता है। इनमें से कुछ व्यक्ति हीन भावनाओं से ग्रस्त होते हैं, तो कुछ कुण्ठा के शिकार। यह वर्ग समाज का नासूर है, जिसका घाव रिसता दिखाई देता है।

3. तीसरा वर्ग है – उच्च एवं प्रतिभाशाली व्यक्तित्व वालों का। इनमें ऐसी विशेषताएं होती हैं, जो साधारण व्यक्तियों में नहीं पायी जातीं। ऐसे व्यक्ति भी जीवन मूल्यों से उलझते रहते हैं, परन्तु इनके सम्मुख एक निश्चित लक्ष्य होता है, जिसे प्राप्त करने के लिए ये सदा उत्साहपूर्वक प्रयत्न करते रहते हैं। ऐसे व्यक्तियों में प्रबल आत्मबल, कौशल, धैर्य व गाम्भीर्य आदि तत्त्व पाये जाते हैं, जिसके कारण ये अपने क्षेत्र में ऊपर उठकर साधारण वर्ग में चर्चित होने लगते हैं। इनका व्यक्तित्व विशाल परिवेश को घेरे रहता है।

4. चौथा वर्ग है उन बचे हुए व्यक्तियों का, जिन्हें महान् कहा जा सकता है। इनका समूचा व्यक्तित्व ही एक दिव्य आभा से देदीप्यमान रहता है। सामाजिकता एवं साहस आदि मानवोचित गुणों की अजस्र धारा इनमें प्रवाहित होती रहती है। ऐसे व्यक्ति मानवता के भाल के तिलक कहे जा सकते हैं, जिनसे सारा संसार ज्योतित होता है। मानवता के ऐसे महान् व्यक्ति संसार की आधारशिला कहे जा सकते हैं।

मेरा ऐसा सौभाग्य रहा है कि मैं उपर्युक्त चारों ही वर्गों के सम्पर्क में रहा हूं। सामान्य लोगों से भी मेरा सम्पर्क रहा है, तो उच्च वर्ग के लोगों से भी मेरा सम्पर्क रहा है। इस प्रकार मेरे जीवन में हज़ारों व्यक्ति आये, भांति-भांति की रुचियों वाले व्यक्ति मेरे सम्पर्कमें रहे। इनमें से कुछ दुष्ट निकले, तो कुछ धोखेबाज़। लखपतियों से भी मेरा सम्पर्क रहा, तो भिखमंगों से भी मैं अछूता नहीं रहा। अनेक प्रकार के चरित्रों को देखने और समझने का अवसर मुझे मिलता रहा है।

1958 से लेकर 1963 तक मैं घुमक्कड़ ही रहा। इन दिनों मुझे एक ही धुन थी—क्या मन्त्रों में सचमुच शक्ति है? मन्त्रों में कितना प्रभाव है? क्या मन्त्रों द्वारा असम्भव को सम्भव बनाया जा सकता है? इसी प्रयत्न में मैंने भारत का कोना-कोना छान मारा। मैं हिमालय की सुदूर ऊंचाइयों तक भी गया, जहां पहुंचना सर्वसाधारण के लिए असम्भव था। हज़ारों साधुओं और तपस्वियों के सम्पर्क में भी आया। संसार से कटे हुए योगी भी मिले जो योगसाधना में सर्वोच्च सिद्धि प्राप्त थे और अनेक ढोंगी एवं पाखण्डी साधु भी मिले, जो कभी किसी अपराध में लिप्त होने के कारण जेल से भाग आये थे अथवा अन्य किसी व्यक्तिगत कारण से साधु बन गये थे। इन वर्षों में मैंने योगसाधना के कुछ अद्‌भुत चमत्कार भी देखे, जिन्हें आश्चर्यजनक भी कहा जा सकता है। यहां मैं केवल एक घटना का ज़िक्र करूंगा। सम्भवतः ज्येष्ठ मास था, हिमालय के बहुत ऊंचे किसी स्थान पर मैं चला जा रहा था। दो दिन से भूखा था। पांव फट गये थे। उस क्षेत्र में पूज्य श्री सहजानन्दजी का नाम सुना था। जिन योगियों के सम्पर्क में आ चुका था, उनमें से कइयों ने श्री सहजानन्दजी से मिलने का सुझाव दिया था। कहा था कि वह मन्त्रदृष्टा हैं, अद्‌भुत योगी हैं, पर वह व्याघ्र वेश में रहते हैं, उन तक पहुंचकर वापस आना सम्भव नहीं होता।

मैं बचपन से कुछ हठी प्रवृत्ति का रहा हूं। मैंने मन-ही-मन श्रीजी को नमन किया और उनका दर्शन करने की इच्छा से आगे बढ़ गया। अनेक जलधाराओं को पार करता हुआ, शाम के लगभग चार बजे मैं उनकी कुटिया पर पहुंच गया। मन में शंका थी, पता नहीं क्या कर बैठें? "योगी, राजा, अग्नि, जल, इनकी उलटी रीति।" क्या भरोसा? मुझे स्वीकार भी करेंगे या नहीं? ऐसे ही प्रश्न मेरे मन में घुमड़ रहे थे कि मैं उनकी कुटिया से लगभग सौ गज़ की दूरी पर एक बड़े-से पत्थर से पीठ टिका कर बैठ गया।

पता नहीं कब मेरी आंख लग गयी। जब आंख खुली, तो आकाश में चारों ओर तारे छिटक रहे थे। चारों ओर अंधेरा ही अंधेरा था। कुटिया दिखायी नहीं दे रही थी। मैं उठा और अनुमान से कुटिया की ओर चलने लगा। जंगली जानवरों का डर मन में समाया हुआ था। लगा कि मैं कुटिया से विपरीत दिशा में जा रहा हूं। वहीं रुक गया। अभी मैंने वहीं रात बिताने का निश्चय किया ही था कि एक आवाज़ मेरे कानों से टकरायी – मन्त्रों की खोज में घूम रहा है और जंगली जानवरों का भय मन में समाया हुआ है?

मुझे आश्चर्य नहीं हुआ क्योंकि इससे पूर्व भी कई बार योगियों से इसी प्रकार की बातें सुन चुका था। वे भी दूसरों के मन की बातें जान लेते थे।

मैं पीछे घूमा, नीचे झुका और अंधेरे में ही उनके चरणों की धूलि लेकर अपने माथे पर लगायी। उन्होंने मेरे कन्धे पर अपना हाथ रखा और मुझे अपनी कुटिया में ले आये। वहां पहुंचते ही उन्होंने लाल रंग की एक जड़ी पानी में घोलकर मुझे पीने को दी, जिसे पीते ही मुझे लगा कि मैं भोजन आदि से पूर्णतः तृप्त हूं। थकान न जाने कहां चली गयी, मैं स्वयं को तरो-ताज़ा अनुभव करने लगा, चटाई पर लेटा तो आंख लग गयी और अगले दिन जब मैं उठा, तो योगिराज अपनी समाधि में लीन थे। उनका शरीर इतना सूक्ष्म हो चुका था कि वह बिना किसी आधार के ज़मीन से तीन फ़ीट ऊपर अधर में ध्यानस्थ थे। यह मेरा पहला अनुभव था। मैं उनकी योगसाधना पर आश्चर्यचकित था। स्नान व पूजा-पाठ से निवृत्त होकर लौटा, तो वह सहज अवस्था में थे। इसे मेरे पूर्वजन्म का सुफल ही कहना होगा कि मुझे उनके चरणों में चार महीने तक रहने का अवसर मिला। वह एक अद्‌भुत योगी थे। एक बार चर्चा में उन्होंने बताया था कि अणुओं को संपीड़ित करके कुछ भी प्राप्त किया जा सकता है। इसी सिद्धान्त के आधार पर वह अपना हाथ उठाकर वस्त्र, रत्न व खाद्य पदार्थ भी ले आते थे।

एक बार मेरे मन में शंका उत्पन्न हुई, तो मैंने उनसे कहा – गुरुवर! मैं अपनी डायरी पाना चाहता हूं, वह मेरे लिए बहुत आवश्यक है और मेरे अमुक सन्दूक में बन्द है। वह बोले – तुम्हारे शंकालु मन को मैं जानता हूं और उस डायरी को भी मैं देख रहा हूं। ठीक दो मिनट बाद वही डायरी तुम्हारे सामने मौजूद होगी, अस्तु।

मन्त्र साधना में वह अद्वितीय थे। मैं अनेक योगियों के सान्निध्य में रहा हूं, पर वह उन सब से अद्‌भुत थे। मुझे उनका पितृवत् एवं गुरुवत् स्नेह मिला। दुर्लभ मन्त्र सिद्धि एवं मन्त्र प्रयोग उन्होंने मुझे सिखाये। हज़ारों मन्त्रों की शिक्षा मुझे प्रदान की, जो परीक्षण की कसौटी पर खरे उतरे, परन्तु गृहस्थी की उलझनों में उलझकर मैं उन्हें भूलता जा रहा हूं।

वहां से वापस लौटते समय मेरी भेंट एक अंग्रेज़ दम्पती से हुई। वे किसी होटल में ठहरे हुए थे। चर्चा में उन्होंने भी हस्ताक्षर विज्ञान के विषय में मुझे कुछ अद्‌भुत बातें बतलायीं। वह इस विद्या में पारंगत थे। उसी दिन से मेरे मन में इस विज्ञान के प्रति जिज्ञासा पैदा हुई और मैंने सैकड़ों उच्चपदस्थ लोगों से लेकर अत्यन्त निम्न वर्ग के लोगों तक की हस्तलिपि देखी और इस निष्कर्ष पर पहुंचा कि किसी व्यक्ति के हस्ताक्षरों पर दृष्टि जाते ही उसका सम्पूर्ण चरित्र स्पष्ट हो जाता है। हस्ताक्षर विज्ञान किसी भी व्यक्ति के चरित्र को पूर्णतया स्पष्ट करने में समर्थ है। नीचे मैं एक ऐसी घटना का वर्णन कर रहा हूँ जिससे आप हस्ताक्षर विज्ञान का महत्व जान पाएंगे।

1966 की एक घटना है। मैं बम्बई में किसी सेठ के यहां निमन्त्रित था। अभी हम बातचीत कर ही रहे थे कि उनका मैनेजर किसी काम से वहां आया और सेठजी को कुछ कागज़ दे गया, जिन पर सेठजी के हस्ताक्षर होने आवश्यक थे। उन कागज़ों पर मैनेजर ने भी अपने हस्ताक्षर किये हुए थे। मेरी निगाह मैनेजर के हस्ताक्षरों पर गयी, तो मैं चौंक उठा। मैनेजर वह कागज़ सेठजी को देकर चला गया, तो सेठजी

उस मैनेजर की तारीफ़ के पुल बांधने लगे तो मैंने कहा – सेठजी! आपका मैनेजर इन दिनों अस्थिर है और शीघ्र ही इसके हाथों आपको बड़ा धोखा मिलने वाला है।

सेठजी के मन में सन्देह जम गया। अपने व्यावसायिक जासूसों द्वारा जब तक उन्होंने पता लगाया, तब तक वह मैनेजर हज़ारों का ग़बन कर चुका था, अब रंगे हाथों पकड़ा गया और समय पर सावधान हो जाने से सेठजी लाखों के घाटे से बच गये।

ऐसे अनेक प्रसंग हैं, जो मेरे मानस में उभर रहे हैं, परन्तु मैं उन पर कुछ भी कहना उचित नहीं समझता। यह सब भी मैं हस्ताक्षर विज्ञान की सार्थकता सिद्ध करने के लिए ही लिख रहा हूं।

वास्तव में, हस्ताक्षर विज्ञान मानव-मन का कुशल भेदिया है, जो मनुष्य के चरित्र-विश्लेषण का श्रेष्ठ साधन है। इस विज्ञान का अध्ययन करके आप स्वयं को अधिक सुविधाजनक स्थिति में पायेंगे और अपने मित्रों एवं परिजनों का सही एवं सटीक मूल्यांकन कर सकेंगे। उनके वास्तविक स्वरूप को समझकर जहां उनसे सावधान हो जायेंगे, वहीं अपने जीवन में उचित व्यक्तियों का चुनाव करके सुविधा भी अनुभव कर सकेंगे।

❑❑❑

निजी नोट्स